AF203440

Campino
Kästner, Kraftwerk, Cock Sparrer

Zum Autor

Campino, mit bürgerlichem Namen Andreas Frege, wurde
1962 in Düsseldorf als Sohn einer englischen Mutter und eines
deutschen Vaters geboren. Früh entdeckte er den englischen
Punk für sich und war Sänger der Band ZK, bevor er 1982 die
Toten Hosen gründete. Als Frontmann prägt er die Band mit
seiner Stimme, seinen Live-Auftritten und ganz besonders
durch seine Texte, deren Entstehung und Einflüssen er in diesem Band auf die Spur geht. Er trat als Schauspieler und Autor
in Erscheinung und äußert sich immer wieder zu gesellschafts-
politischen und kulturellen Themen. Nach u.a. Helmut Schmidt,
Juli Zeh, Joschka Fischer, Joachim Gauck und zuletzt Klaus-
Maria Brandauer war er 2024 Heinrich-Heine-Gastprofessor an
der Universität in Düsseldorf, an der er einmal für Englisch und
Geschichte eingeschrieben war. Von seiner neuerlichen Begegnung mit der Düsseldorfer Universität und seiner Leidenschaft
für Sprache und Lyrik ist in den zwei Vorlesungen die Rede,
die er im Rahmen seiner Gastprofessur hielt. Sie tragen die Titel
»Kästner, Kraftwerk, Cock Sparrer. Eine Liebeserklärung an
die Gebrauchslyrik« und »Alle haben was zu sagen. Die Kakophonie unserer Zeit«. Beide sind Teil dieses Bandes und sub-
stanziell erweitert um Songs, Lyrik und ergänzende Gedanken.

CAMPINO

Kästner, Kraftwerk, Cock Sparrer

Eine Liebeserklärung an die Gebrauchslyrik

PIPER

Mehr über unsere Autorinnen, Autoren und Bücher:
www.piper.de/literatur

Von Campino liegt im Piper Verlag vor:
Hope Street

ISBN 978-3-492-07325-7
© Piper Verlag GmbH, München 2024
Umschlaggestaltung: Dirk Rudolph
Umschlagabbildung: Tereza Mundilová (Foto)
Gesetzt aus der Arno Pro
Satz: Tobias Wantzen, Bremen
Druck und Bindung: GGP Media GmbH, Pößneck
Printed in Germany

Vorwort

Die Düsseldorfer Heinrich-Heine-Universität verleiht seit den späten Achtzigerjahren hin und wieder eine Gastprofessur an Personen des öffentlichen Lebens. Dies soll dem Austausch von Gedanken und Ideen zwischen Kultur, Politik und Wissenschaft dienen. In diesem Jahr erreichte auch mich die Einladung, die mit zwei Vorlesungen zu einem Thema meiner Wahl verbunden war. Darüber habe ich mich sehr gefreut, denn als ehemaliger Student der HHU hatte ich es damals gerade mal bis in die Mensa geschafft. Weiteren akademischen Anforderungen konnte ich leider nicht gerecht werden, denn das Leben mit den Toten Hosen war anstrengend genug. Durch die Gastprofessur würde ich (vierzig Jahre später) endlich mal in den Hörsaal kommen.

Die Themenwahl fiel mir leicht. Texte und Kommunikation sind ein Lebensthema für mich, und ich kann mir nichts Schöneres vorstellen, als andere Menschen mit meiner Lust auf Gedichte und Lieder anzustecken und hoffentlich zu begeistern. Damit war der Inhalt der ersten Vorlesung für mich klar. Mindestens so spannend wie die Beschäftigung mit Texten aus der Vergangenheit ist aber auch die Frage, wie wir in Zukunft mit Sprache und Kommunikation umgehen wollen. Hierauf sollte der Fokus meiner zweiten Lesung liegen, sie war also thematisch deutlich anders gelagert, deshalb habe ich dort auf Werke anderer Autoren weitgehend verzichtet und mich hauptsächlich auf eigene Texte bezogen.

Vor Ihnen liegt nun eine »erweiterte« Abschrift dieser beiden Veranstaltungen. Sämtliche besprochenen Beiträge sind hier enthalten, ich habe mir aber erlaubt, noch weitere Werke und Gedanken hinzuzufügen, die mir beim Verschriftlichen in den Kopf gekommen sind. Auch habe ich die zweite Vorlesung, die eigentlich im Dialog mit meinem Freund, dem Journalisten und Buchautor Philipp Oehmke, stattgefunden hat, zum besseren Verständnis als Fließtext verfasst.

Dem Prinzip der Gebrauchslyrik hoffentlich entsprechend, habe ich mir schon immer herausgenommen, meine eigenen Liedtexte gelegentlich zu aktualisieren und Worte auszutauschen, wenn es mir im Wandel der Zeit nötig schien. Wundern Sie sich also bitte nicht, wenn die Ursprungsversionen hier und da leicht variieren.

Meine verspätete Zeit an der Uni – sie war mir ein Vergnügen.

Campino, im August 2024

Kästner, Kraftwerk, Cock Sparrer. Eine Liebeserklärung an die Gebrauchslyrik

Heinrich-Heine-Universität Düsseldorf
Erste Vorlesung, 2. April 2024, Hörsaal 3 A

Eine Liebeserklärung an die Gebrauchslyrik also.

Vielleicht hilft es, wenn ich Ihnen zu Beginn eine Art Beipackzettel mitgebe, damit Sie wissen, was Sie erwartet. Ich habe in den letzten Wochen mit Begeisterung Texte und Gedichte gelesen von Menschen, die mich in meinem Leben beeindruckt haben. Es war eine Riesenfreude, diesen Texten wiederzubegegnen und auch neue zu entdecken. Bitte erwarten Sie aber keine germanistischen Analysen oder minutiöse Interpretationen. Mir geht es darum, Ihnen großartige Lyrik und Songtexte ans Herz zu legen, die Ihnen eventuell noch nicht begegnet sind oder die Sie über die Jahre vergessen haben. Vielleicht berührt das ein oder andere Gedicht Sie ganz besonders, und Sie stellen fest: »Das war verdammt gut, das hat getroffen. Das muss ich bei Kästner oder Brecht noch mal selbst nachlesen.« Wenn das gelingt, dann hätte ich schon einiges erreicht.

Gebrauchslyrik – den Ausdruck hat wohl Bertolt Brecht erstmalig 1927 benutzt, als er unter diesem Motto zu einem Lyrikwettbewerb aufrief. Mir ist er das erste Mal bei Erich Kästner untergekommen. So hat er seine Gedichte bezeichnet, und ich finde es grandios, dass Kästner damit von vornherein jegliche Überhöhung seiner Person und seines Werkes verweigert hat. In seinem Lyrikband *Lärm im Spiegel* schreibt er: »Zum Glück gibt es ein oder zwei Dutzend Lyriker – ich hoffe fast, mit dabei zu sein –, die bemüht sind, das Gedicht am Leben zu erhalten. Ihre Verse kann das Publikum lesen und hören, ohne einzuschlafen; denn sie sind seelisch verwendbar. Sie wurden im Umgang mit den Freuden und Schmerzen der Gegenwart notiert; und für jeden, der mit der Gegenwart geschäftlich zu tun hat, sind sie bestimmt. [...] Es gibt wieder Verse, bei denen auch der literarisch unverdorbene Mensch Herzklopfen kriegt oder froh in die leere Stube lächelt. [...] Daß jemand ausspricht, was ihn bewegt und bedrückt – und andere mit ihm –, ist nützlich. Wem das zu einfach gesagt ist, der mag es sich von den Psychoanalytikern erklären lassen. Wahr bleibt es trotzdem.«

Ich begreife Kästners Texte als kleine Lebenshilfe zum täglichen Gebrauch. Sie waren ein Gegenentwurf zur Blümchen- und Wiesenpoesie der Romantik. Mit dem Zeitgeist der Neuen Sachlichkeit in den Zwanzigerjahren wurde die Gebrauchslyrik zu einer Stilrichtung, der sich auch andere Schriftsteller anschlossen. Außer Brecht und Kästner zählten sich auch Tucholsky und Ringelnatz dazu. Tucholsky stellte einmal fest: »Es hat zu allen Zeiten eine Sorte Lyrik gegeben, bei der die Frage nach dem Kunstwert eine falsch gestellte Frage ist: Ich möchte diese Verse Gebrauchslyrik nennen ... Die Wirkung [auf die Massen] soll sofort erfolgen, sie soll unmittelbar sein, ohne Umschweife.«

Sie können sich vorstellen, diese Aussage hat mich direkt gepackt, weil sie in Worte fasst, was ich mit meinen eigenen Texten erreichen will. Sie sollen schlicht und leicht zugänglich, mit einer Haltung verfasst sein, und im besten Fall auch als kleiner Leitfaden fürs Leben dienen. Wenn man mich fragen würde, was die Toten Hosen seit vierzig Jahren textlich versuchen, fühle ich mich mit der Bezeichnung Gebrauchslyrik so wohl wie mit keiner anderen. Und was die Punkbewegung angeht, ist das für mich nichts anderes – *a punch in the face.*

Eine Sache vorab: Es gibt einen Riesenunterschied zwischen Gedichten, die geschrieben werden, um für sich zu stehen, und Liedtexten. Weil ich aus der Musik komme, nähere ich mich dem Schreibprozess ganz anders als ein Dichter.

Bei den Toten Hosen funktioniert es so, dass wir im Proberaum gemeinsam Musik machen und dabei Songideen entwickeln. Dazu singe ich in einer Fantasiesprache, um mir die Melodie zu merken. Diese ersten Versuche nehmen wir als Demo auf. Zu Hause höre ich die Aufnahmen dann immer und immer wieder ab, so lange, bis sich mir irgendwann eine Zeile oder gar ein kompletter Text gewissermaßen aufdrängt. Die Stimmung der Musik treibt die Worte zu mir. Eine solche Vorgehensweise, über die Musik einen Text zu erschaffen, wird ein Dichter wohl nicht wählen. Der hat eine Idee im Kopf und bringt sie dann zu Papier. Bei einem Gedicht muss, wenn es gut sein soll, jede Silbe stimmen, während ich bei einem Lied schon mal mit der einen oder anderen schwachen Zeile davonkomme. Also braucht das Schreiben eines Liedes einen anderen Ansatz, und Sie verzeihen mir hoffentlich, dass ich deshalb immer wieder hin- und herspringen werde zwischen Dichtung und Musik.

Musik ist eine eigene Sprache. Sie kann uns bedrohen, sie kann uns Mut machen, sie kann Texte ins Lächerliche ziehen. Sie ist in der Lage, Stimmungen zu erzeugen, denen wir uns nicht entziehen können, und sie hat solch fantastische Magie, dass wir uns alle im selben Moment zu einem Chor zusammenschließen können, ins selbe Tempo gehen, ein Kollektiverlebnis haben. Das ist bei einem Gedicht nicht der Fall oder auch nicht beim Betrachten eines Gemäldes.

Meine Gedanken zur Gebrauchslyrik führen immer wieder zu den klassischen Themen: Liebe, Sinn des Lebens, Nachdenken über sich selbst, Erwachsenwerden, das Altern.

Wann ist mir Lyrik eigentlich das erste Mal im Leben begegnet, was verbinde ich mit dem ersten bewusst wahrgenommenen Gedicht? Da brauche ich nicht lange zu überlegen, das war in der vierten Klasse. Auswendiglernen. Ich stand an der Tafel vor meiner Lehrerin Frau Falkenthal und den Mitschülern, und der Herr von Ribbeck auf Ribbeck im Havelland brachte mich ins Schwitzen:

Herr von Ribbeck auf Ribbeck im Havelland,
Ein Birnbaum in seinem Garten stand,
Und kam die goldene Herbsteszeit
Und die Birnen leuchteten weit und breit,
Da stopfte, wenn's Mittag vom Turme scholl,
Der von Ribbeck sich beide Taschen voll,
Und kam in Pantinen ein Junge daher,
So rief er: »Junge, wiste 'ne Beer?«
Und kam ein Mädel, so rief er: »Lütt Dirn,
Kumm man röwer, ick hebb 'ne Birn.«

Und dann riss der Text in meinem Kopf ab. Ich hatte jedes weitere Wort vergessen. Eine Woche hatten wir Zeit gehabt, den Text zu lernen. Frau Falkenthal versuchte noch, mich mit Stichworten anzuschieben, aber es war hoffnungslos, eine Blamage.

In der siebten Klasse begegnete ich der »Bürgschaft«, und es wurde nicht besser:

Zu Dionys, dem Tyrannen, schlich
Damon, den Dolch im Gewande;
Ihn schlugen die Häscher in Bande.
»Was wolltest du mit dem Dolche, sprich!«
Entgegnet ihm finster der Wüterich.
»Die Stadt vom Tyrannen befreien!«
»Das sollst du am Kreuze bereuen!«

»Ich bin«, spricht jener, »zu sterben bereit
Und bitte nicht um mein Leben;
Doch willst du Gnade mir geben,
Ich flehe dich um drei Tage Zeit,
Bis ich die Schwester dem Gatten gefreit;
Ich lasse den Freund dir als Bürgen,
Ihn magst du, entrinn ich, erwürgen.«

Da lächelt der König mit arger List,
Und spricht nach kurzem Bedenken:
»Drei Tage will ich dir schenken …

Auch hier war ich in der dritten Strophe raus. Die Schule,
die Gedichte und ich – das war ein einziges Drama. Ich
fand einfach keinen Zugang. Schon beim Herrn von Ribbeck hatte ich nie verstanden, was das mit dem Birnenver-
schenken überhaupt sollte. Die geklauten waren für mich
eh immer die leckersten.

Diese ersten Begegnungen mit der Lyrik haben dazu ge-
führt, dass ich mich für viele Jahre von ihr verabschiedete.
Ich bin lieber in die Welt von Lederstrumpf abgetaucht,
war mit Jules Verne zwei Jahre in den Ferien und las Aben-
teuerromane wie den *Seewolf* und *Moby Dick.*

Trotzdem hat der schulische Früherziehungsversuch
von Frau Falkenthal in Sachen Lyrik wohl Spuren bei mir

hinterlassen. Denn einige Jahre später begann ich selbst mit dem Verfassen von sich reimenden Textzeilen. Und was passiert, wenn man den »Herrn von Ribbeck auf Ribbeck im Havelland« und »Die Bürgschaft« mehrere Jahre im Kopf eines renitenten Jugendlichen gären lässt? Dann kommen solche Ergebnisse dabei heraus:

OPEL-GANG (1983)

Den Arm aus dem Fenster, das Radio voll an
Draußen hängt ein Fuchsschwanz dran
In jeder Karre sitzen vier Mann
Die Bullen eben in der Stadt abgehängt
Mit 110 einen Ford versengt
Und einen Fiat ausgebremst
Wir haben neue Schluffen drauf
Und uns Ralleystreifen gekauft

Wir sind die Jungs von der Opel-Gang
Wir haben alle abgehängt

Einmal rund um den Häuserblock
Danach wird die Karre aufgebockt
Und sich unter die Kiste gehockt
Samstags nachmittags um halb vier
Fußballreportage und ein Bier
Kavaliersstart wird ausprobiert
Dann geht's los in tollem Spurt
Wir schließen nie den Gurt

Wir sind die Jungs von der Opel-Gang
Wir haben alle abgehängt

Ich möchte zu meiner Verteidigung anmerken, dass dieses Lied ganze zehn Jahre vor den albernen Manta-Manta-Filmen entstanden ist. Sich über dieses Auto und seine Fahrer lustig zu machen, war ein noch unbeackertes Feld. Die Zeilen des Songs führten leider zum ersten großen Missverständnis in der noch jungen Karriere der Toten Hosen, denn wir hatten dieses Lied eben nicht geschrieben, um die Opel-Fahrer abzufeiern. Wir wollten sie persiflieren.

Die Idee zu dem Stück hatten wir, weil um die Ecke von unserem Proberaum ein Laden eröffnet hatte, in dem Tuning-Sachen für Autos verkauft wurden. Da sind ständig diese typischen Raser, Tüftler und Autofrisierer aufgetaucht und haben ihre Karren aufmotzen lassen. Wir haben uns über die Jungs totgelacht, und so kam es dann zu dem Text »Opel-Gang«. Dass dieses Lied als ernsthafte Hommage an die Welt der Heizer begriffen wurde, war vielleicht ein erster Hinweis, dass ich nicht der beste Texter bin.

Die Leute liebten ihn so sehr, dass der Song uns gewissermaßen selbst überholte, woraufhin wir jegliche Ironie über Bord warfen und sogar anfingen, diese Opel gut zu finden. Tatsächlich kauften wir uns selbst welche. Unser Bandbus war ein Opel Blitz, und zum seriösen Repräsentieren, wie etwa bei Familienfeiern, teilten wir uns einen weißen Opel Admiral (»Der Junge hat's geschafft!«). Ich selbst hatte einen roten Opel Manta mit Flammen an den Kotflügeln, einem Fuchsschwanz, einer riesigen 69 an der Fahrertür und dem Aufdruck »Love Machine« auf der Heckscheibe. Wir wurden also stolze Opel-Gang-Mitglieder und freundeten uns mit vielen Leuten aus dieser Szene an. Es ging dabei aber nie um die Marke, sondern um den Typus Autofahrer, der von einem großen Porsche träumt, ihn sich aber nicht leisten kann und das Beste aus seiner Lage macht.

Wie auch immer – der »Herr von Ribbeck« und »Die Bürgschaft« hatten bei näherem Überlegen vielleicht doch nichts damit zu tun, dass ich begann, mich für Lyrik und Liedtexte zu interessieren. Der entscheidende Auslöser war die Rockmusik aus England und Amerika, die ich über meine älteren Geschwister entdeckte. Auf einmal blieben ganze Textungetüme mit endlosen Strophen in meinem Kopf hängen, und ich konnte sie ohne jede Mühe vor mich hin singen. Meine Geschwister hörten ausschließlich englischsprachige Musik; alles, was aus Deutschland kam, stand für sie und die meisten ihrer Generation nicht zur Debatte.

Dabei existierte auch hier, bis zur Machtergreifung der Nazis, in Musik und Kultur eine große Vielfalt an tollen, zum Teil sehr kritischen Künstlern und frechen Leuten. Da gab es vom einfachen Gassenhauer bis hin zu raffinierten Couplets alles, was das Herz begehrte. Avantgardistische Musik war genauso vertreten wie satirische Lieder über Armut und Hunger. Erst mit der Machtergreifung der Nazis wurde diese freigeistige Kultur zerstört, und alle Leute, die politisch unbequem waren, vor allem großartige jüdische Künstler, wurden verhaftet, vertrieben oder ermordet. Nach zwölf Jahren Nazi-Diktatur war nicht mehr viel übrig geblieben, was frech, kreativ oder provokant gewesen wäre.

Nach 1945 und dem verlorenen Krieg saßen im Kulturbetrieb und in der Musik immer noch dieselben Leute, die bei den Nazis für Unterhaltung gesorgt hatten. Sie brachten zwar keine Nazi-Texte mehr, hielten sich jedoch politisch sehr zurück und lieferten brave Hausmannskost. Dienst nach Vorschrift. Da kam nichts Frisches oder Provokantes, auch im Film nicht. Es dauerte eine Weile, bis sich in Deutschland junge Künstler wieder trauten, etwas anderes zu produzieren. Etwas, das wieder mit mehr Lust und Lebensfreude verbunden war – und nicht zuletzt auch mit deutlicher Kritik an den gesellschaftlichen Verhältnissen. Im krassen Gegensatz dazu etablierte sich zunächst aber der deutsche Schlager mit überwiegend seichten und banalen Texten. Ein Versuch, von der Realität zerstörter Städte und den allgegenwärtigen Existenzängsten abzulenken. Kein Wunder also, dass ein Großteil der Nachkriegsjugend nichts mehr mit dem klassischen Deutschsein zu tun haben wollte. Das Dritte Reich hatte die Volksmusik missbraucht, Deutschtümelei grotesk gefördert und den Menschen damit die Kehle zugeschnürt, sodass sich nach Kriegsende die Jugend in der Bundesrepublik in englische und amerikanische Musik flüchtete.

Das Konzert von Bill Haley 1958 im Berliner Sportpalast – das war's, worum es ging, der Lebenshunger, nach dem die Jugend lechzte: Masseneuphorie, wilde Krawalle und ein geschocktes Establishment.

1960 gründeten sich dann die Beatles und entfachten ein noch größeres Feuer. Im selben Jahr spielten sie zum ersten Mal in Hamburg und ermutigten auch deutsche Bands, textlich und musikalisch mehr zu wagen, wenn die auch meistens noch auf Englisch sangen. Achim Reichel gründete die Rattles, es gab die Lords, die Poor Things und einige andere. Eine dieser Bands waren die Blizzards. 1966 schrieben sie ein bemerkenswertes Lied mit tollem ruppigen deutschen Text, der mir wie eine Blaupause vorkommt für alles, was dann später Ton Steine Scherben gemacht haben:

HAB KEINE LUST HEUT AUFZUSTEHEN (1966)

Hab keine Lust, heute aufzustehen,
ist mir viel zu blöd, jetzt in das Bad zu gehen.
Mit den bloßen Füßen über einen kalten Flur,
hab keine Lust, heute aufzustehen.
Wär sie noch hier, doch sie ist weg,
es ist zum Schreien, so ganz allein.

Ich rühr mich nicht vom Fleck,
warum bringt mir keiner den Kaffee ans Bett?
Hab keine Lust, heute aufzustehen,
ich bleib im Bett den ganzen Tag,
ich schlaf wieder ein,
weil ich nicht aufstehen mag.
Nach dem kurzen Haarekämmen, welch ein Graus,
seine dünnen Haare fallen ihm ja doch bald aus,
hab keine Lust, heute aufzustehen.

Das ist schon dramatisch gut gewesen für 1966. Aber es wurde zurückgeschossen aus der Welt der Spießer, der ehemaligen Nazis, der Kriegsverlierer, der Leute, die einfach nur den Mund gehalten, aber im Grunde selbst als Biedermann gelebt hatten. Zur Stimme dieser Menschen machte sich damals Freddy Quinn. Er hat im selben Jahr folgenden unglaublich reaktionären Text rausgehauen, eine totale Kriegserklärung an die Jugend:

WIR (1966)

Wer will nicht mit Gammlern verwechselt werden? WIR!
Wer sorgt sich um den Frieden auf Erden? WIR!
Ihr lungert herum in Parks und in Gassen,
Wer kann eure sinnlose Faulheit nicht fassen? WIR!
Wer hat den Mut, für euch sich zu schämen? WIR!
Wer lässt sich unsere Zukunft nicht nehmen? WIR!
Wer sieht euch alte Kirchen beschmieren,
Und muß vor euch jede Achtung verlieren? WIR!
Denn jemand muß da sein, der nicht nur vernichtet,
Der uns unseren Glauben erhält,
Der lernt, der sich bildet, sein Pensum verrichtet,
Zum Aufbau der morgigen Welt.

Die Welt von Morgen sind bereits heute WIR!
Wer bleibt nicht ewig die lautstarke Meute? WIR!
Wer sagt sogar, daß Arbeit nur schändet,
Wer ist so gelangweilt, so maßlos geblendet? IHR!
Wer will noch mal mit euch offen sprechen? WIR!
Wer hat natürlich auch seine Schwächen? WIR!
Wer hat sogar so ähnliche Maschen,
Auch lange Haare, nur sind sie gewaschen? WIR!

Auch wir sind für Härte,
Auch wir tragen Bärte,
Auch wir geh'n oft viel zu weit.
Doch manchmal im Guten,
In stillen Minuten,
Da tut uns Verschiedenes leid.

Wer hat noch nicht die Hoffnung verloren? WIR!
Und dankt noch denen, die uns geboren? WIR!
Doch wer will weiter nur protestieren,
Bis nichts mehr da ist zum Protestieren? IHR! IHR! IHR!

Man muss sich vorstellen – das war die Stimmung im Deutschland der Sechzigerjahre. So was ist damals in die Charts gekommen! Es war die Zeit des Wirtschaftswunders, man wollte den Zweiten Weltkrieg verdrängen und sah die traditionellen Werte, zu denen man zurückgefunden hatte, von der Jugend bedroht. »Sein Pensum verrichten, zum Aufbau der morgigen Welt« – das war die Parole nach dem Krieg. Wie konnte man da die Frechheit haben, »in Parks und in Gassen herumzulungern« und den christlichen Glauben durch beschmierte alte Kirchen infrage zu stellen? Ganz abgesehen davon, dass man sich seine Haare zu waschen hatte, wenn sie schon lang waren.

Als wir Hosen den Song zum ersten Mal hörten, waren wir von den Zeilen so fasziniert, dass wir ihn 1987 gecovert haben. Wir fühlten uns in dem Lied wiedererkannt, aber nicht so, wie Freddy Quinn sich das erhofft hatte. Wir waren die lautstarke Meute, wir fanden, dass Arbeit nur schändet, und wir waren es, die in den Parks herumlungerten. Unsere Version wurde ein Riesenerfolg.

Was sich bis Mitte der Siebzigerjahre in der deutschen Musik getan hatte, bekam ich damals nicht mit, ich war zu jung. Es gab inzwischen aber schon wieder richtig gute deutschsprachige Texter. Man muss hier Franz Josef Degenhardt nennen, muss Hannes Wader erwähnen, Georg Kreisler, viele großartige Österreicher, vor allen Dingen die Wiener Szene. Liedermacher, die wirklich was draufhatten, aber das hat mich damals einfach noch nicht erreicht. Ich habe es nicht verstanden. Mir ging es im Alter von zehn Jahren nur um Krach. Mein Lieblingsinstrument war das Schlagzeug. Chris Andrews hämmerte mir die ersten Zeilen in den Kopf: »I'm her yesterday man, well, my friends, that's what I am, her yesterday man.« – Irgendwas Eingängiges, es war mir egal, Hauptsache Lärm. Das hörte sich für mich gut an. The McCoys, Deep Purple, Led Zeppelin, das waren die ersten Sachen, die sich mir einprägten, und erst mit dreizehn oder vierzehn Jahren, also 1975/76, ging das los mit bewusstem Hören und Wahrnehmen von Texten. Die Punkbewegung kam auf, und ich hörte diese englischen Bands mit ihren fantastischen Songs, das war für mich und meinesgleichen die Stunde null, der Neubeginn, die totale Revolution.

Die Inspiration für mich, Texte zu schreiben, waren nicht die deutschen Künstler, es waren nicht die Lindenbergs, und es waren auch nicht Ton Steine Scherben, denn die waren schließlich zehn Jahre älter als wir. Und das war damals für uns steinalt und daher nicht relevant. Aber eigentlich hatten Ton Steine Scherben schon alles gesagt, hatten im Grunde genommen echte Punk-Texte geschrieben. Sie haben geschrien »Keine Macht für Niemand«, »Macht kaputt, was euch kaputt macht« und »Warum geht es mir so dreckig«. Da war schon alles drin, aber ein Dreizehnjähriger wollte das nicht hören, weil es von Hippies kam, weil diese Typen seltsame, dudelige Rockmusik machten. Wir brauchten unsere eigenen Helden, unser eigenes Zeug: Und das waren diese jungen Musiker aus Amerika, aber insbesondere die Bands aus England, aus London. Allen voran die Sex Pistols, The Clash und The Damned. »Anarchy in the UK«, »London's Burning«, »No Future«, »So Messed Up«, »I'm So Bored With the USA« – das waren unsere Lieder, das waren unsere Parolen. Geschrieben wurden sie eigentlich für die Jugend in Großbritannien, denn dort gingen die Menschen durch eine schwere Wirtschaftskrise und eine allgemeine Depression. Man hatte den Krieg gewonnen und stand trotzdem mit leeren Händen da. Die Arbeitslosigkeit war extrem hoch, ständig wurde gestreikt, und die Regierung hatte die chaotischen Zustände nicht mehr im Griff. Diese Lieder, die die Punks da gesungen haben, trafen auch bei uns einen Nerv und sind uns ins Herz gegangen. Das diffuse Gefühl der Unzufriedenheit, der Wunsch nach Aufbruch und Veränderung, die Lust auf Ärger und Provokation – all diese Empfindungen trugen auch wir in uns. Eine dieser Londoner Bands, Sham 69, veröffentlichte 1978 das Album *That's Life*, es war für mich wie eine Offenbarung. Ich war sechzehn Jahre alt. Ich hörte das Album rauf und runter und konnte bald jedes Wort auswendig. Und plötzlich war diese Birnbaum-Problematik nicht mehr da, ich konnte mir auf einmal Texte merken.

Einer dieser Songs von Sham 69 hatte es mir besonders angetan:

EVERYBODY'S RIGHT, EVERYBODY'S WRONG
(1978)

I'm the baby scared at birth
I'm the kid with kicked out teeth
Cuddled then rejected
Stolen, given back
I'm a jumper on the wrong way
With the label sticking out
I've been hung up to dry
But the dirt just won't come out
Everybody's wrong everybody's right
Someone must be wrong when someone else is right
Everybody's wrong everybody's right
You tell me that I'm wrong
Then you tell me that I'm right
...
I'm wrong you're right
I couldn't give a damn
I know that you don't need me
So watch me walk away
But before I go
You better give me my week's pay
I'm someone you don't understand
I'm the fool that laughs and cries
I'm loved I'm hated oh what's going on
Everybody's wrong everybody's right ...

»Kam schon als Kind mit Angst auf die Welt, bin der Junge
mit den ausgeschlagenen Zähnen, umarmt, weggestoßen,
gestohlen und zurückgebracht ...« – in solchen Zeilen
fand ich mich wieder: »... Ich bin ein auf links gedrehter
Pullover, und mein Label hängt mir raus, bin zum Trock-

nen aufgehängt, aber der Dreck, der will nicht raus.« Dieser Junge war ich, der wollte ich sein, so wie ich Jahre zuvor Robin Hood und Winnetou hatte sein wollen.

Jimmy Pursey, der Sänger von Sham, hatte Worte für das Lebensgefühl von mir gefunden, für das ich selbst bis dahin keine hatte. Das waren Zeilen, mit denen ich etwas anfangen konnte, so fühlten ich und meinesgleichen, die Jungs, an denen nichts besonders war. Dazu mussten wir nicht in die Lehre oder zur Arbeit gehen. Solche Zeilen beschrieben die Verwirrtheit und das Unverstandensein auch unserer Teenagerjahre. Wir brauchten das Lebensgefühl der Kids aus England eigentlich nur auf unsere Verhältnisse in Düsseldorf zu übertragen, addierten es mit den Alltagssorgen zu Hause und hatten damit den perfekten Soundtrack zu unserem eigenen Film gefunden.

Ein anderes Lied, das in diese Kerbe schlug, stammt von Billy Bragg. Der in Essex geborene Singer-Songwriter war 1977 ebenfalls in die Londoner Punkbewegung geraten und schlug sich ohne Band alleine durch. Mit seiner elektrischen Gitarre und markanten Stimme feierte man ihn in der Szene als »One-Man Clash«.

TO HAVE AND TO HAVE NOT (1983)

Up in the morning and out to school
Mother says there'll be no work next year
Qualifications, once the Golden Rule
Are now just pieces of paper

Just because you're better than me
Doesn't mean I'm lazy
Just because you're going forwards
Doesn't mean I'm going backwards

If you look the part you'll get the job
In last year's trousers and your old school shoes
The truth is, son, it's a buyer's market
They can afford to pick and choose

Just because you're better than me
Doesn't mean I'm lazy
Just because I dress like this
Doesn't mean I'm a communist

The factories are closing and the army's full
I don't know what I'm going to do
But I've come to see in the Land of the Free
There's only a future for the Chosen Few

...

Morgens aufstehen und zur Schule gehen, mit dem Bewusstsein, dass die Chancen auf einen späteren Beruf selbst
mit Abschluss und Qualifikation gegen null gehen, das beschrieb zwar nicht das Leben eines Gymnasiasten wie mir.
Ich dachte aber, dass ich als zweimaliger Sitzenbleiber und
weiteren, ständig drohenden Nichtversetzungen durchaus
so fühlen durfte wie Billy Bragg. »Nur weil du nach vorne
preschst, heißt das nicht, dass ich rückwärtsgehe, und nur
weil du besser bist als ich, heißt das nicht, dass ich faul bin« –
besser konnte man die Scham nicht ausdrücken, die ich
empfand, wenn ich mit einem Überflieger verglichen wurde.
Was ich beruflich einmal werden wollte, war mir völlig un-
klar, und die Sorge, nicht gut genug zu sein, egal um wel-
chen Job es ging, war ein ständiger Begleiter. So empfanden
es auch viele Freunde aus meiner Clique. Wir kamen uns
lange wie graue Mäuse und Verlierer vor, in einem langwei-
ligen Leben ohne Perspektive und ohne Chance, zu denen

aufzuschließen, die das Sagen hatten: die Klassensprecher, die Tennisspieler, deren Eltern das Geld für den Verein hatten, die coolen Jungs, die sich ein Moped leisten konnten und deswegen schon eine Freundin hatten. Ich dagegen gehörte zu den Hinterbänklern in der Schule, wir waren verpickelt und blass, und unser Taschengeld betrug kaum mehr als fünf Mark die Woche. Wen konnte man damit schon beeindrucken?

1977 brach dann Punkrock in London mit voller Wucht los, und auf einmal war da eine Bewegung, die auch uns, den Leuten aus der zweiten oder dritten Reihe, die, die man nicht sah, namenlose Hänflinge aus der Vorstadt, irgendwie eine Würde gab. Die Punksongs waren für mich wie ein Motor, eine Aufforderung, selbst etwas zu machen und meinen Weg zu gehen. Nicht nur dazustehen und andere zu bewundern. London wurde zum Ort meiner Sehnsucht, und dank meiner englischen Verwandten, die zwölf Meilen südöstlich der Hauptstadt in Chislehurst wohnten, konnte ich in diesen Jahren auch oft dorthin reisen. Poly Styrene, die Sängerin der Londoner Band X-Ray Spex, schien mir von dort aus förmlich entgegenzuschreien:

LET'S SUBMERGE (1977)

It's dark and eerie and it's really late
Come on kids don't hesitate
We're going down to the underground ...
The hades ladies are dressed to kill
Dagger glares from Richard Hell
Tension heightening heating frightening
Thunder rolls as fast as lightening
If you've got the urge
Come on let's submerge ...

Von Poly Styrene und Siouxsie Sioux, von Johnny Rotten und Joe Strummer wollte ich mich gerne mit Haut und Haaren in den Untergrund ziehen lassen, in eine Welt, die mir gehörte, mit Helden, die aussprachen, was ich empfand. Die mir das Leben präsentierten und erklärten, wie ich es vorher nicht kannte: Konsumterror, Rassismus, Arbeitslosigkeit, Klassenbewusstsein, Ungerechtigkeit, Ohnmacht – und wie man dagegen aufsteht.

Aber nicht nur in London fing 'es an zu »brennen«, auch in meiner Heimat, in Düsseldorf, schien sich etwas zu tun. Noch im Dezember 1977 behauptete Alex Franke, ein Bekannter aus meinem Hockey-Club, der drei Jahre älter war und mit demselben Bus zur Schule fuhr, dass es in der Düsseldorfer Altstadt eine »Punker-Kneipe« gäbe, wo sich eine ganze Clique von denen aufhalten würde und die entsprechende Musik liefe. Der *Ratinger Hof*. Ich wusste davon nichts, hatte noch nie von dem Laden gehört. Also nahm ich mir vor, mich direkt nach Schulschluss auf die Suche zu machen. Die Kneipe lag am Rande der Altstadt auf der Ratinger Straße. Vom Hofgarten aus musste man an der Brauerei *Im Füchschen* und an einer kleinen Pommesbude vorbei, ließ das *Einhorn* und das *Zur Uel* rechts liegen und musste aufpassen, nicht einfach am Hof vorbeizulaufen. So unscheinbar und verhuscht wirkte der Bau von außen, mehr wie eine Garage mit Fenstern. Die Tür stand auf, also ging ich hinein und bestellte eine Cola. Musik lief in dezenter Lautstärke, Patti Smith, »Free Money«:

Every night before I rest my head
See those dollar bills go swirling 'round my bed
I know they're stolen, but I don't feel bad
I take that money, buy you things you never had ...

Das war schon mal gut. Ich schaute mich um. Ein großer, weiß gestrichener, schlauchartiger Raum. Außer der Frau hinterm Tresen, die mir lächelnd ein Glas hinstellte, waren noch zwei andere Figuren da, und die sahen verdammt langweilig aus. Ein dicklicher Bartträger Mitte dreißig, der neben mir sitzend in einer Zeitung las, und eine hagere Frau, hippiemäßig gekleidet, die an der Wand bei einem Münzfernsprecher stand und unentwegt in ihrer Handtasche kramte. Daneben eine kleine Tanzfläche, über der auf einem Brett ein Fernseher stand, der tonlos vor sich hin flimmerte. Außerdem anwesend: ein Zigarettenautomat, zwei Billardtische, drei Flipper und ein paar an den Wänden aufgehängte Spiegel. Das war's. Tote Hose, nix los. Ich fühlte mich irgendwie reingelegt, man hatte einen Scherz mit mir gemacht. Ein Club für Punks in Düsseldorf, haha. Ich zahlte meine Cola, verließ den Laden und tauchte für mehrere Wochen nicht mehr auf.

Irgendwann stellte ich Alex zur Rede. Was das denn sollte, mir so einen Mist zu erzählen?! Er verteidigte sich: »Ehrlich, das ist ein Punkladen! Du musst da abends hin, die sind da nachmittags nicht.«

Ein zweiter Versuch, diesmal ein Samstagabend, Februar '78. Ich wollte lässig wirken und hatte mir eine Sicherheitsnadel an die Backe gesteckt. Kaum betrat ich den Laden, kam ein Kellner spöttisch grinsend auf mich zu, zupfte an der Nadel und fragte: »Darf man überprüfen, ob die auch wirklich durchgestochen ist?« Peinlich berührt nahm ich die Nadel sofort aus dem Mund und verkrümelte mich ins hintere Eck der Kneipe. Lektion gelernt, Posen verboten. Abgesehen von diesem unangenehmen Vorfall fühlte ich mich sofort wohl. Es waren tatsächlich eine ganze Menge Punks da, lässig wirkende Typen und coole Frauen standen zwischen Flippern und Billardtischen rum und schienen sich alle gut zu kennen.

Die meisten waren natürlich ein Stück älter als ich, wirkten aber unheimlich nett. Es dauerte nicht lange, da kam einer von ihnen auf mich zu. Zerschlissene Lederjacke, Löcher in den Jeans, dreckiges, aber freundliches Lächeln: »Hallo, junger Freund, ich bin Ratte. Und wer bist du?« Verlegen stammelte ich irgendwas von »Andreas aus Mettmann«, und wundersamerweise lachte Ratte mich nicht aus, sondern nahm mich auf eine nette Art ernst. Aus heutiger Sicht hört sich das wahrscheinlich absurd an, aber so leicht konnte man damals in die Szene geraten. Es gab so wenige Punks in Deutschland, dass es normal war, sich anzusprechen, wenn man sich erkannte. Da reichte eigentlich schon die entsprechende Frisur oder auch nur ein kleiner Badge am Jackenkragen. Ich war selig – endlich hatte ich Gleichgesinnte gefunden. Allerdings nur bis 22 Uhr, denn dann gab es eine Ausweiskontrolle, und ich war erst fünfzehn. Zeit, nach Hause zu gehen.

Was ich damals nicht wusste: Der *Ratinger Hof* lag nur zweihundert Meter von der Kunstakademie in Düsseldorf entfernt und wurde deshalb schon seit Jahren regelmäßig von vielen Kunststudenten und ihren Lehrern besucht: Thomas Schütte, Blinky Palermo, Sigmar Polke, Andreas Gursky, Katharina Sieverding, sie alle hatten den Hof eine Zeit lang als Treffpunkt gehabt, und auch Joseph Beuys war mal da. Im Keller hatte die Band Charley's Girls, die sich bald in Mittagspause umbenennen würde, ihren Proberaum. Es war zu dieser Zeit ein unheimlich kreatives Miteinander, ein ganz besonderer Schmelztiegel, wie es ihn wohl nirgendwo sonst gab: Albert und Markus Oehlen hingen dort rum, Jörg Immendorff, Ulrich Meister, Martin Kippenberger und natürlich auch Imi Knoebel, dessen Frau Carmen den Hof zusammen mit Ingrid Kohlhöfer führte. Es fanden Konzerte statt, aber auch Lesungen und Kunstaktionen. Die Wände waren zugepflastert mit Graffitis und Parolen, in Englisch und Deutsch, nicht immer auf höchstem Niveau: »Prollfotzen tragen Prollpelze (Prollmann kommt)«, »Roots Rock Reggae«, »Dieser Stift schreibt rot, Fuck the future«.

Uns jungen Punks war diese Mischung von Menschen im Hof gar nicht bewusst und deshalb auch egal, es schien keine Rolle zu spielen. Ich glaube trotzdem, dass die Begegnung mit diesen Leuten aus der Kunstszene einen entscheidenden Anteil daran hatte, dass wir Düsseldorfer Bands uns – im Gegensatz zum Beispiel zu vielen Hamburger und Berliner Punkbands der ersten Stunde – beim Texten für Deutsch als Sprache entschieden. Wir verstanden es gewissermaßen als eine Notwendigkeit. Wir haben zwar die Bands aus England geliebt – und für mich war es sowieso nicht schwierig, deren Texte zu verstehen, weil meine Mutter aus England kam –, aber wir wollten unser eigenes Lebensgefühl ausdrücken, in unserer Sprache und für unser Umfeld. Kein Satellit sein, kein Fake-Nachahmer des Originals.

In dieser Zeit machte auch ein neuer Schallplattenladen in der Schadowstraße auf, das *Rock On*. Einmal pro Woche wurde er mit den neuesten Singles und LPs aus London versorgt, sodass wir immer die aktuellsten Sachen kannten. Wenn wir uns in unserer Freizeit nicht im *Ratinger Hof* aufhielten, lungerten wir dort rum. Düsseldorfs (und wahrscheinlich auch Deutschlands) erste Punkband, Male, durfte bald im Keller vom *Rock On* ihren neuen Proberaum einrichten. Mit den Jungs von Male hatte ich mich inzwischen angefreundet, schaute ihnen manchmal beim Üben zu, und wenn die Probe zu Ende war, stellte ich mich ans Mikrofon und spielte mit ihnen noch einige Lieder nach, von Londoner Bands. »Shadow« von den Lurkers, »First Time« von den Boys, solche Sachen. Ein großer Spaß, aber im Umfeld vom *Ratinger Hof* wurde man nicht ernst genommen, wenn man als Deutscher bei einem Konzert auf Englisch sang.

Der Verdacht von Posertum und schlechter Kopie wog schwer. Original und originell sollte es sein, und das hatte womöglich auch etwas mit den Leuten aus der Kunstszene zu tun. Denn so wie Punk eine Revolution in der Musikwelt auslöste, fand auch in der Kunst ein radikaler Wandel statt, besonders in Düsseldorf. Joseph Beuys, seit Anfang der Sechzigerjahre Professor an der Akademie, verkündete: »Jeder Mensch ist ein Künstler!« Das war im Grunde nichts anderes als das Credo der Punk-Szene:

»Hör' auf, andere zu bewundern, tu selbst etwas! Hier sind drei Akkorde, gründe eine Band und stell dich auf die Bühne!« – Es war dasselbe radikale Denken. Für die Kunststudenten waren nicht nur die Fettecken von Beuys eine Inspiration, auch der Geist der Zeit ließ sie in die Offensive gehen. Blinky Palermo hatte eines seiner Werke *Malen Sie mit Hilfe der Schablone ein blaues Dreieck über eine Tür* genannt. Das war schon sagenhaft, weil es mit der traditionellen Betrachtung auf dem Kunstmarkt brach, eine totale Absage an den Kommerz, frei nach Beuys: Jeder Mensch kann jederzeit Kunst erschaffen. Martin Kippenberger nannte eines seiner Kunstwerke *Ich kann beim besten Willen kein Hakenkreuz entdecken*. Eine klare Kritik an die Art und Weise, wie sich die Bundesrepublik mit ihrer Nazi-Vergangenheit (nicht) auseinandersetzte. Eine geniale Provokation, weil sie den Nagel auf den Kopf traf.

Kippenberger haute auch Statements raus wie: »Ich geh jetzt in den Birkenwald, denn meine Pillen wirken bald.« So etwas hat natürlich Eindruck auf uns gemacht. Und Immendorff sagte: »Gute Kunst hat kein Verfallsdatum, ist also kein Joghurtbecher«, oder »Malerei sollte nicht zur hektischen Pinselei ohne Position werden«. Solche Sprüche trafen genau den Punkt, es ging um Haltung. Diese Herangehensweise schien uns wichtiger als das, was am Ende dabei herauskam. Das ist damals unsere Schule gewesen, auch wenn es uns nicht bewusst war.

Wenn ich im *Ratinger Hof* rumhing, konnte es passieren, dass Janie, so nannte sich Peter Hein, Sänger von Mittagspause/Fehlfarben früher, zusammen mit Jürgen Engler von Male und Gabi Delgado von DAF am Flipper stand und spielte. Ich guckte ihnen zu, holte zwischendurch mal Bier und eine Cola für Jürgen, der keinen Alkohol trank. Die Songtexte ihrer Bands haben mich sicher beeindruckt und ein paar Monate später inspiriert, als ich selbst in einer Band namens ZK war und begann, Lieder zu schreiben. Einer meiner Lieblingssongs von Mittagspause hieß »Militürk«.

MILITÜRK (1978)
*(später, in der Version von DAF,
umbenannt in Kebabträume)*

Kebabträume in der Mauerstadt
Türk-Kültür hinter Stacheldraht
Neu-Izmir in der DDR
Atatürk der neue Herr
Miliyet für die Sowjetunion
In jeder Imbißstube ein Spion
Im ZK Agent aus Türkei
Deutschland, Deutschland, alles ist vorbei
Wir sind die Türken von morgen

Der Text war abstrakt, hatte dadurch etwas Geheimnisvolles. Er war düster und spiegelte auf diffuse Art den Kalten Krieg wider. Vielleicht war es auch eine zynische Beschreibung des türkischen Lebens in Berlin. Ohne genau zu wissen, worum es eigentlich ging, fühlten die Worte sich wichtig für uns an. So was war natürlich erst mal schwer zu verarbeiten, aber es hatte etwas, das jeder für sich interpretieren konnte. Ich habe mir immer vorgestellt, dass wir, die Jugendlichen von damals, als neue Randgruppe gemeint waren. Wir sind die Türken von morgen. Dass wir die Neuen sind, die morgen durch die Straßen laufen, von der Gesellschaft ausgegrenzt und ohne Zukunftsperspektive.

Ein anderer Text, der mir bis heute in Erinnerung ist, stammt von der Band Male:

HAFTBEFEHL (1978)

Haftbefehl im deutschen Land,
weil ein Terrorist verschwand.
Nun ist jedermann gespannt.
Haftbefehl im deutschen Land,
der Täter war noch unbekannt.
Bis Herr Müller sich zur Tat bekannt.
Haftbefehl.

Ohne die Musik dazu zu hören, wirken diese Zeilen wahrscheinlich etwas unbeholfen. Aber wir wussten damals ganz genau, was gemeint war. Es war die Zeit der RAF. Deren Anschläge erreichten 1977 mit dem Deutschen Herbst ihren Höhepunkt, und die Stimmung in der Bundesrepublik war extrem angespannt. In dem Liedtext geht es um die verzweifelte Suche der Polizei nach flüchtigen Terroristen, viele »Normalbürger« und Kleinkriminelle gerieten dadurch auch ins Visier. Es ist zu der Zeit vorgekommen, dass ich im Schulbus von Mettmann nach Düsseldorf fuhr und plötzlich an einer Haltestelle Polizisten mit Maschinenpistolen bewaffnet den Bus bestiegen. Jeder Fahrgast wurde kontrolliert, die Ausweise mussten vorgezeigt werden, es wurde mal wieder nach Terroristen gefahndet. Alles in Ordnung, gute Weiterfahrt. Insofern konnten wir mit dieser Textzeile »Weil ein Terrorist verschwand« und mit dieser unterschwelligen Angst, die der Song von Male beschrieb, sehr viel anfangen. Es war ein Lied, das uns durch Mark und Bein ging, wie auch dieses hier, ebenfalls von Male:

KONTROLLABSCHNITT (1978)

Auf der Lauer um halb zehn
konnte ich zwei Bürger sehn
im Flughafen um halb zehn
sollte die Maschine gehn.
Geheimpolizei im Wartesaal,
die uns unsere Unschuld stahl,
Pässe, Filzstift, Taschentuch,
nichts von dem blieb undurchsucht.

Im Rückblick darf man nicht vergessen, dass es sich bei den Texten um Kommentare zur Bonner Republik handelt. Die Bundesrepublik in den Siebziger- und Achtzigerjahren, das war ein Leben, wie man es sich heute kaum mehr vorstellen kann: Zunächst die neue deutsche Bescheidenheit nach dem Krieg, dann Wirtschaftswunderland, Fußballgroßmacht, der Siegeszug des Farbfernsehers, Wagenwäsche am Samstag, exaktes Trimmen der Gartenhecke, alles pünktlich und richtig machen wollen. Und andererseits die Ölkrise, Umweltsorgen, der Vietnamkrieg, der Eiserne Vorhang, die Angst vor linkem Terrorismus und den Risiken des Kalten Krieges. Ein Land, das immer noch protegiert wurde von Amerikanern, Briten und Franzosen. Bei uns im Rheinland waren die britischen Militäreinheiten stationiert. BFBS-Radio und Naafi-Shops. Kaum eine Autobahnfahrt, bei der man nicht irgendeinem Militärkonvoi begegnet ist. Das waren die Zeiten, und deshalb waren diese Texte so.

Es gab aber auch humorvolle Songs, wie zum Beispiel von der Band S. Y. P. H.:

ZURÜCK ZUM BETON (1978)

Ich glaub, ich träume,
ich sehe nur Bäume, Wälder überall.
Ich merke auf einem Mal,
ich bin ein Tier hier, ein scheiß Tier hier
und da bleibt mir nur eins:
zurück zum Beton,
zurück zur U-Bahn
zurück zum Beton,
da ist der Mensch noch Mensch,
da gibt's noch Liebe und Glück,
zurück zum Beton.
Ekel, Ekel, Natur, Natur,
ich will Beton pur,
blauer Himmel, blaue See,
hoch lebe die Betonfee,
keine Vögel, Fische, Pflanzen.
Ich will nur in Beton tanzen.

Das fanden wir super, darüber konnten wir lachen. Die Tristheit des grauen Lebens in den hässlichen Städten einfach umzudrehen und abzufeiern und sich gleichzeitig lustig zu machen über die gerade entstehende Ökobewegung.

Im Herbst 1978 gab ich mir dann einen Ruck und hinterließ meine Telefonnummer an einer Pinnwand im *Rock On*, nachdem ich mal wieder mein ganzes Taschengeld für neue Schallplatten versenkt hatte: »Punk-Sänger sucht Band. Richtung: Clash, Johnny Moped, The Boys. Andreas, 0 21 04-7 10 35.« Und tatsächlich klingelte ein paar Tage später bei uns in Mettmann das Telefon. Am Apparat ein gewisser Ingo: »Ich hab gehört, du hast bei Male im Proberaum gesungen, und hab mir deine Nummer im *Rock On* aufgeschrieben. Ich und mein Kumpel Isi wollen eine Band gründen, wir spielen Gitarre und Bass. Uns fehlt noch ein Sänger.« Ein Glücksfall, denn es blieb der einzige Anruf auf meinen Aushang. Wir trafen uns zu dritt im *Ratinger Hof,* verabredeten uns zu einer Probe, und so begann die Geschichte von ZK. Ein paar Wochen später kam noch Claus »Fabsi« Fabian als Schlagzeuger hinzu. Von da an waren wir eine richtige Band. Das erste Lied von uns, ich war damals sechzehn Jahre alt, ging folgendermaßen:

BANNER (1978)

Schön muss es sein, nach einer Norm
Soldat zu sein in Uniform!
Und gehst du dann die Straße lang,
sehen dich schöne Mädchen an.
Doch im Krieg, da macht es Bumm.
Und sie schießen schöne Mädchen um.

Das Ganze zweimal hintereinander, und das Lied war fertig. Auf diesem Niveau spielten sich unsere ersten Sachen ab. Sie hießen »GAU«, »S. O. S.«, »Hahnenkampf« oder »Großstadt«:

Großstadt, Großstadt, dreckig und grau,
Großstadt, Großstadt, total verbaut ...
Snobs gucken sich nach Nerzmänteln um,
Penner hängen in der Gosse rum.
Fast jeder kommt ins Irrenhaus,
keiner kommt jemals heraus ...

Man würde meinen, der Einfluss von S. Y. P. H. wäre hier zu hören, allerdings hatten wir vor allem das Lied »High Rise Living« der Londoner Band Chelsea als Vorbild: »High rise living, it get's me down down down. I'm living on a high rise block, I've got no future, got no job, got no prospects, ain't never went to school, ain't got time to get forward with you ...«

Bei einem anderen Song von ZK, einem Antikriegslied, dachte ich an den Roman *Im Westen nichts Neues* von Erich Maria Remarque:

SCHWARZE STIEFEL (1979)

Schwarze Stiefel laufen zur Front
Schwarze Stiefel kehren nie um
Und irgendwo, da renn auch ich
Wohin, das weiß ich doch nicht
Unter Leichen lugt hervor
Die blaue Dose von Lenor
Schwarze Stiefel liegen herum
Keiner kümmert sich mehr drum

Lieder gegen den Krieg, das Militär, die Polizei, über Einsam- und Hoffnungslosigkeit, das waren damals klassische Themen in der Punk-Szene. Schieß doch, Bulle! Auch das

Aussehen wurde immer uniformer, Lederjacken und Nieten wurden in unserer Szene zum Mainstream, es gab schon bald eine regelrechte Style-Polizei. Von alldem fühlten wir von ZK uns bald beengt, wir wollten diesen Klischees nicht mehr entsprechen und eigene Wege gehen. Uns imponierte, dass die Undertones aus dem vom Bürgerkrieg geplagten Derry in Nordirland sich nicht politisch äußerten, sondern rührende Herzschmerzhymnen für Teenager verfassten, The Damned aus London auf der Bühne fröhliches Chaos inszenierten und Johnny Moped aus Croydon, der musikalische König des Dadaismus, bei den von ihm angekündigten Konzerten nur sehr unregelmäßig selbst auftauchte. Im Juni '78 hatte er allerdings im Hamburger Audimax gespielt, ich stand im Publikum und fühlte mich wie erleuchtet. Wir waren das Volk, er war Moses. Er sprach darüber, wie man Mopeds frisiert und Wurst herstellt, sein größter Hit hieß »Darling, let's have another baby … I'll be quite happy to wash and change it's nappy«. Er war einfach eine skurrile Figur.

So wie diese Vorbilder wollten wir sein, in diese Richtung müssten unsere Texte gehen, dachte ich. Je absurder, desto besser. Wir haben uns dann darauf verlagert, so eine Art Gaga-Texte zu machen und Schlager zu persiflieren. Ich habe mich regelrecht abgearbeitet am bereits erwähnten Freddy Quinn. »Heimweh« oder sein Sehnsuchtslied »Hundert Mann und ein Befehl … und ein Weg, den keiner will, fern von zu Haus und vogelfrei, hundert Mann, und ich bin dabei«. Das war ein perfekter Steilpass für uns. Solche ironischen Verschnitte kamen bei unserem Publikum richtig gut an, die Punks liebten diese Art der Spießer-Verspottung.

Eigene Werke von uns hießen zum Beispiel »Ballade vom Reh«, »Ich möcht' so gern wie Conrad sein«, »Badewannen Billy« oder »Eddies Salon«:

EDDIES SALON (1980)

Der schräge Eddie op de Eck,
besitzt 'n Friseursalon.
So manchem schnitt er die Ohren weg
bei seinem rasanten Fasson
üble Bösewicht-Gesichter
          sehen dich beim Reinkommen an.
War es nur der Zufall,
          dass hier so mancher Herr verschwand?
Scheren schärfend
taucht Eddie plötzlich vor dir auf,
Panik erfasst, mit Angst im Gesicht,
flüchtest du, als wäre es dein letzter Lauf.
Doch kaum naht die Nacht heran,
          wird Licht bei Eddie gemacht.
Lauter dunkle Gestalten dann klopfen an Eddies Türe an.
Eddies Salon, ein Gangsternest,
          die Polizei hat's nie entdeckt.

oder

HURRA, ICH BIN GENORMT (1980)

Erdal-Rex macht Schuhe sauber
Meister Proper – Glanz durch Zauber
Der Mann von der Hamburg-Mannheimer
Bringt Frieden und Glück ins Heim
Persil jetzt im Sonderangebot
Kaufhof hat das beste Brot

Hurra, ich bin genormt, Hurra, ich bin geformt

Revell macht die schönsten Panzer
Pepsodent ist DIE Zahnpasta
Dr. Oetkers Frucht-Dessert
Stellt dich wieder vollkommen her
Ariel wäscht immer reiner
Mars macht fit den müden Heiner

Hurra, ich bin genormt, Hurra, ich bin geformt

Für solche Zeilen gab es keinen Dichterpreis zu gewinnen, aber sie waren wenigstens anders als das, was die meisten Punkbands damals vorgetragen haben. Doch egal, wie das Niveau von Musik und Texten von uns allen auch war, der Antrieb schien immer derselbe: Leidenschaft, Lebenslust, Wut und Freude an der Provokation. Es ging um die 100 Prozent, um griffige Parolen und krasse Aussagen. Und alle hatten das Gefühl, sie waren Teil einer gemeinsamen Bewegung.

Ausgerechnet aus Düsseldorf kam jedoch auch eine Band, die den kompletten Gegenentwurf zu unserem Ansatz verkörperte und 1977/78 auf ihrem Höhepunkt war: Kraftwerk, vielleicht die beste Mischung aus Aktionskunst und Popmusik. Ralf Hütter und seine Kollegen wirkten auf der Bühne wie eine Schnittstelle aus beiden Welten. Sie gaben sich kühl, sachlich, distanziert. Sprache diente nicht als Botschaft, sondern als Instrument, oft einfach nur als Effekt. Kraftwerk waren Pioniere der elektronischen Musik und ihrer Zeit weit voraus. Das Geniale ihrer Kunstform erschließt sich durch die Verschmelzung von Text und Musik. Einen Kraftwerk-Text von seiner Musik abzukoppeln, beraubt ihn seiner Magie, alleine wirken die Worte nackt und verloren.

AUTOBAHN (1974)

Wir fahr'n, fahr'n, fahr'n auf der Autobahn,
wir fahr'n, fahr'n, fahr'n auf der Autobahn
vor uns liegt ein weites Tal,
die Sonne scheint mit Glitzerstrahl.
Wir fahr'n, fahr'n, fahr'n auf der Autobahn
Fahrbahn ist ein graues Band,
weiße Streifen, grüner Rand.

Ein Lied wie ein Bild, die Beschreibung einer Atmosphä-
re. Monotonie, die trotzdem faszinierend wirkt. Die Kraut-
rocker von Kraftwerk hatten Elektropop erfunden, wie
man ihn noch nicht gehört hatte. Hergestellt auf eine Art
und Weise, von der wir keine Ahnung hatten. Die Musik
war revolutionär, aber ohne die scheinbar naiven Worte
würde sie nicht denselben starken Effekt haben. Ein per-
fektes Beispiel dafür, dass viele Liedtexte herausgelöst aus
ihrer musikalischen Welt dann doch sehr irdisch anmuten,
obwohl sie eigentlich grandios sind. Andererseits braucht
Musik auch oft Worte, um zu glitzern.

DIE ROBOTER (1978)

Wir laden unsere Batterie,
jetzt sind wir voller Energie,
wir sind die Roboter.
Wir funktionieren Automatik,
jetzt wollen wir tanzen Mekanik,
wir sind die Roboter.
Wir sind auch alle programmiert
und was du willst, wird ausgeführt.
Wir sind die Roboter.

Diese Knappheit und Sachlichkeit, das Ausbleiben jeder Emotion, war ein gelungener Schachzug. Das Dasein eines Roboters zu beschreiben, ohne viele Worte zu verlieren. Auch bei Live-Auftritten von Kraftwerk ersetzten sich die Protagonisten auf der Bühne zwischenzeitlich durch Roboter, für das Publikum kaum zu unterscheiden. Das hatte etwas vom Gefühl von Aldous Huxleys *Schöner neuer Welt*, und das mochten wir.

Doch Kraftwerk waren die entscheidenden Jahre älter als wir, als dass sie uns als Vorbilder hätten dienen können. Wir haben sie respektiert, hatten aber kaum Berührungspunkte.

Ihre Pionierleistung, die Größe und Bedeutung ihrer Musik für die Entwicklung vieler Bands und Stilrichtungen – das haben wir alles erst viel später verstanden. Und dass eine Band aus Düsseldorf weltweit einen solchen Einfluss auf viele Künstler hatte, macht irgendwie stolz und ist ein schöner Gedanke.

Ein Song von Kraftwerk funktionierte Jahre später sogar für die Toten Hosen, denn hier ist der Songaufbau klassischer angelegt: »Das Model«. Die Lyrics erzählen, für Kraftwerk untypisch, eine kleine Geschichte, und die Musik ist für unsere Instrumentierung leichter zugänglich. Unsere Interpretation findet sich auf dem Album *Die Geister, die wir riefen* von 2012, auf dem wir deutschsprachige Künstler und Kollegen würdigten, die uns mit ihren Liedern beeindruckt hatten.

DAS MODEL (1978)

Sie ist ein Model, und sie sieht gut aus
Ich nähm sie heut gerne mit zu mir nach Haus
Sie wirkt so kühl, an sie kommt niemand ran
Doch vor der Kamera, da zeigt sie, was sie kann

Sie trinkt in Nachtclubs immer Sekt, korrekt
Und hat hier alle Männer abgecheckt
Im Scheinwerferlicht ihr junges Lächeln strahlt
Sie sieht so gut aus, und Schönheit wird bezahlt
Sie stellt sich zur Schau für das Konsumprodukt
Und wird von Millionen Augen angeguckt
Ihr neues Titelbild ist einfach fabelhaft
Ich muss sie wiederseh'n, ich weiß, sie hat's geschafft

Dass solch ein Text im Umfeld von Düsseldorf entstand, ist recht naheliegend. Seit dem Zweiten Weltkrieg hatte sich die Stadt zu einem Zentrum der Modebranche entwickelt, und immer, wenn eine Messe stattfand, kamen viele Models in die Stadt. Abends waren sie in Restaurants, Bars und Diskotheken unterwegs und haben jede Menge Blicke auf sich gezogen. Gerüchte sagen, dass der Inspiration zu diesem Text eine eigene Erfahrung zugrunde liegt. Jedenfalls tauchten Kraftwerk früher manchmal in schickeren Clubs wie dem *Malesh* oder dem *Cabaret* in der Mata-Hari-Passage auf.

Unsere eigene Geschichte endete im November 1981, denn da löste sich ZK nach drei Jahren auf. Seit längerer Zeit hatte Kuddel, mit dem ich später die Toten Hosen gründen würde, für Ingo die Gitarre übernommen und uns musikalisch auf ein anderes Level gehoben. Aber wir wollten unser altes Versprechen einhalten: »Wenn wir es jemals schaffen, ein ganzes Album aufzunehmen, lösen wir uns direkt danach auf.« Es war gewissermaßen eine vorsorgliche Absage an jede sündige Versuchung des in unseren Kreisen verpönten kommerziellen Erfolgs, der bei uns aber garantiert sowieso nie an die Tür geklopft hätte. Außerdem hatte sich unser »Funpunk«-Konzept totgelaufen. Es war extrem anstrengend, als »lustige« Punkband durch die Gegend zu fahren und jeden Abend den Spaßvogel zu geben, selbst wenn kurz zuvor eine Riesenschlägerei stattgefunden hatte, was nicht selten der Fall war. In solchen Momenten fühlten wir uns völlig deplatziert und mussten lernen, dass der Beruf des Clowns einer der härtesten der Welt ist. Das Ende von ZK war also durchaus konsequent.

Es dauerte allerdings nur wenige Tage, bis ich das Leben in einer Band vermisste. Ich nahm den Telefonhörer in die Hand und rief bei Kuddel an: »Sag mal, wollen wir nicht noch mal neu starten? Mit anderen Leuten und unter anderen Bedingungen? Was hältst du von Trini? Am Schlagzeug oder als Sänger, kann man ja alles noch sehen. Und Andi hat einen Bass zu Hause. Er könnte ja eigentlich mal anfangen, den spielen zu lernen? ...« Vier Wochen nach dem Abschiedskonzert von ZK trafen wir uns also schon wieder zum Proben, bei Trini Trimpop im Fett-Film-Büro, das er zusammen mit seinem Partner Muscha auf der Kölner Straße, in der Nähe vom Hauptbahnhof, betrieb.

Das Jahr 1982 stand vor der Tür, die Umstände, jetzt eine Band zu starten, waren mit denen von 1978 schwer zu vergleichen. Einige Szene- und Mode-Gurus hatten Punk schon 1979 (etwas vorschnell) für tot erklärt, es war eine Angelegenheit von gestern, und wer sich immer noch als Punk bezeichnete, galt als hoffnungslos veraltet. Die Neue Deutsche Welle steuerte ihrem Höhepunkt entgegen, Joachim Witt säuselte im Radio »Hey, hey, hey, ich war der goldene Reiter«, und wir Kids aus der Punk-Szene kamen uns von einigen Protagonisten der ersten Stunde im Stich gelassen und irgendwie auch verraten vor. Sid Vicious war tot, Johnny Rotten wollte wieder John Lydon heißen, und Billy Idol tanzte mit sich selbst in Amerika. Wie konnte man eine Lebenseinstellung so einfach über Bord werfen?

Verstanden fühlten wir uns von Cock Sparrer, einer typischen »Working Class Punkband« aus dem Londoner East End:

WHERE ARE THEY NOW (1982)

I believed in Julie when she said how easy it could be
And I believed in Tony and his written words of anarchy
And I believed in Joe when he said we had to fight
And I believed in Jimmy when he told us to unite

Where are they now, where are they now
Where are they, six years on and they've all gone
Now it's all turned sour, where are they now

Hollywood nights in Soho, writing on the walls
    of The Roxy loo
Rotten on the telly showing what a few choice
    words can do
Was it ever worth it causing all the fuss
You know, I believed in them, don't you believe in us
No more kids are innocent, we will get fooled again
Only faces ever change, the song remains the same
Was it ever worth it causing all the fuss
You know, I believed in them, don't you believe in us …

Mit Julie und Tony waren Julie Burchill und Tony Parsons, zwei Journalisten vom *New Musical Express* gemeint, die in den Anfangstagen der Punk-Explosion eine Revolution herbeischreiben wollten, aber dann doch relativ schnell ihre Fahnen des Aufstands wieder eingerollt und sich vom Punk entfernt hatten. Joe Strummer war es, der zum Kampf gegen das Establishment aufgerufen hatte, und von Jimmy Pursey stammt die Hymne »If the Kids Are United«, die den Zusammenhalt der Szene vergeblich beschwor. Johnny Rottens legendäre Flucherei live im Nachmittagsprogramm eines Fernsehsenders hatte England im Dezember 1976 erschüttert, aber was war von dieser Aufregung geblieben? Auf all diese Enttäuschungen bezogen sich Cock Sparrer und wirkten damit deutlich integrer als die ehemaligen Rädelsführer aus der ersten Reihe.

So wie sie wollten auch wir trotz aller Unkenrufe weitermachen, aber eben anders als bisher. Nicht mehr eindeutig lesbar sein, gefesselt in einem Spaßkorsett, eingeengt von Verhaltensregeln, die die Szene sich selbst auferlegt hatte. Viele Punkbands der ersten Generation gab es 1982 schon gar nicht mehr, oder sie hatten sich weiterentwickelt. Zudem war ein gewisses Vakuum entstanden, was klare politische Texte anging. Auch auf dieses Terrain wollten wir uns wieder begeben. Uns aber verhalten und benehmen, wie gerade unsere Laune war, wir wollten hin- und herspringen zwischen albern und ernst, verantwortungslos und vernünftig. Das Thema Alkohol war immer gut, weil es alle Eltern schockte (obwohl in den Liedern der Schlagerwelt auch so manches Mal gesoffen wurde) und bei den Jugendlichen ein sicherer Ankommer war: »Und die Jahre ziehen ins Land, und wir trinken immer noch ohne Verstand, denn eins, das wissen wir ganz genau: Ohne Alk, da wäre der Alltag zu grau ...« (aus »Bis zum bitteren Ende«, 1983).

Die meisten Dinge, über die wir schrieben, hatten wir selbst erlebt. So landete eine Erinnerung aus der Grundschulzeit bei mir auf Papier. Als Zweitklässler wurde ich eine Weile auf dem Heimweg von einem großen Jungen aus der benachbarten Hauptschule bedroht. Immer wenn er mich irgendwo alleine antraf, gab er mir eine Kopfnuss und drohte: »Morgen gibst du mir 'ne Mark, oder ich hau dir in die Fresse!« Daraus wurde dann Jahre später folgendes Lied:

WARTEN AUF DICH (1984)

Die Schule ist aus und die Sonne steht hoch
Du gehst wie immer nach Haus
Deine Mappe wird schwer und die Angst ist groß
Doch das macht dir nichts mehr aus
Durch die Straße deiner Albträume,
      es geht kein Weg daran vorbei
Du weißt, was dich erwartet, es nutzt kein Hilfeschrei
Sie warten nur auf dich, mit einem Lächeln im Gesicht
Wollen sie dich, sie wollen nur dich
Du beugst dich der Prügel wie ein Schaf der Schur
Deine Sachen liegen im Dreck
Irgendwann lassen sie von dir ab
Bis morgen lassen sie dich weg
Mutter wartet schon zu Haus
»Wie siehst du wieder aus?«
Am Nachmittag gibt's Hausarrest
Du bist in deinem sichersten Versteck
Du starrst an die Decke, du liegst im Bett
Nie wird man dich verstehen
Kein Protest der Welt hat Zweck
Du mußt den Weg wieder gehen
Sie warten nur auf dich, mit einem Lächeln im Gesicht …

Eines der Lieder, die mehr ins Politische gingen, entstand nach einem Wochenende in Berlin, an dem wir Zeugen einer Straßenschlacht rund um die Berliner Hasenheide geworden waren.

LIEBESLIED (1987)

Es war so schnell, wie alles begann
Ein fliegender Stein als Kampfsignal
Auf einmal war die Hölle los
Ein Wechselbad zwischen Angriff und Flucht
Wasserwerfer peitschen dich
Tränengas beißt im Gesicht
Schaufensterscheiben, nur noch Splitter aus Glas
Wagen völlig ausgebrannt
Befehl an alle: »Bleibt besser klug!
Schließt euch ein, macht die Augen zu!«
Und aus dem Radio kommt ein Liebeslied
Und in der Fernsehshow bringen sie ein Liebeslied

Vor deiner Tür, in deinem Ort
Ist Gerechtigkeit nur ein Wort
Befehl an alle: »Bleibt besser klug!
Schließt euch ein, macht die Augen zu!«

Und aus dem Radio kommt ein Liebeslied
ja, in der Fernsehshow bringen sie ein Liebeslied

Die Sonne scheint am Morgen danach
Wie ein Kuss beginnt der Tag
Der Kaffee ist gut, die Zeitung frisch
Zählt die Opfer am Frühstückstisch
Und aus dem Radio kommt ein Liebeslied …
… und in der Fernsehshow bringen sie unser Lied

Das Lied beschreibt einerseits das Adrenalin und auch die Verzweiflung einer Person, die in eine Straßenschlacht gerät, ohnmächtig dem Geschehen gegenüber. Und andererseits ist da der Gegenentwurf, der biedere Bürger zu Hause auf dem Sofa, der die Realität auf der Straße in seiner Nachbarschaft nur als Meldung aus einer Parallelwelt wahrnimmt: »Das gibt's nur im Fernsehen, ich habe nichts damit zu tun. Soziale Ungerechtigkeit, Aufruhr? Bei mir nicht! Das kümmert mich alles einen Scheiß. Ich muss Montag wieder zur Arbeit.«

Der Regierung wäre solch eine ignorant-verschlafene Einstellung ihrer Bürger wohl gerade recht gewesen; in den Achtzigern musste sie sich mit einer bisher kaum gekannten Welle von Demonstrationen in der ganzen Republik auseinandersetzen. Die Menschen politisierten sich zunehmend und gingen auf die Straße.

Das Landgericht Hamburg zum Beispiel hatte den brutalen Einsatz der Polizei bei einer politischen Demonstration im Juni '86 für rechtswidrig erklärt. Dieser ist als »Hamburger Kessel« in die Geschichte eingegangen. Und unser Liebeslied ist mit seiner Aussage bis heute leider aktuell geblieben.

Welche Themen man als Texter aufgreift, entscheidet wohl hauptsächlich unsere Intuition, zumindest bei mir ist das so. Die großen Fragen und Gedanken der Menschheit – und deshalb auch ihre Gedichte, Erzählungen und Romane – drehen sich ständig um dieselben Dinge: Liebe, Entfremdung, Sehnsucht, Geborgenheit – all das wird seit Jahrhunderten immer wieder neu verhandelt.

Ein Thema, das für jede Generation interessant bleibt, ist das Erwachsenwerden, das Älterwerden. Vielleicht der Rückblick auf das alte Zuhause, das Verhältnis zu den eigenen Eltern. Dazu fällt mir als Erstes Erich Kästner ein. Ich kann nicht mehr genau nachvollziehen, wann ich ihn das erste Mal nicht als Kinderbuchautor, darin ist er Weltmeister, sondern als scharf beobachtenden, kritischen Schriftsteller wahrgenommen habe, der auch unfassbar gute Gedichte schreiben konnte. Einmal mit diesen Texten in Berührung gekommen, haben sie mich mein ganzes Leben lang nicht mehr losgelassen. Den Rückblick eines jungen Mannes auf die Jugend beschreibt er so:

KLEINE FÜHRUNG DURCH DIE JUGEND
(1928)

Und plötzlich steht man wieder in der Stadt,
in der die Eltern wohnen und die Lehrer
und andre, die man ganz vergessen hat.
Mit jedem Schritte fällt das Gehen schwerer.

Man sieht die Kirche, wo man sonntags sang.
(Man hat seitdem fast gar nicht mehr gesungen.)
Dort sind die Stufen, über die man sprang.
Man blickt hinüber. Es sind andre Jungen.

Der Fleischer Kurzhals lehnt an seinem Haus.
Nun ist er alt. Man winkt ihm wie vor Jahren.
Er nickt zurück. Und sieht verwundert aus.
Man kennt ihn noch. Er ist sich nicht im Klaren.

Dann fährt man Straßenbahn und hat viel Zeit.
Der Schaffner ruft die kommenden Stationen.
Es sind Stationen der Vergangenheit!
Man dachte, sie sei tot. Sie blieb hier wohnen.

Dann steigt man aus. Und zögert. Und erschrickt.
Der Wind steht still, und alle Wolken warten.

Man biegt um eine Ecke. Und erblickt
ein schwarzes Haus in einem kahlen Garten.

Das ist die Schule. Hier hat man gewohnt.
Im Schlafsaal brennen immer noch die Lichter.
Im Amselpark schwimmt immer noch der Mond.
Und an die Fenster pressen sich Gesichter.

Das Gitter blieb. Und nun steht man davor.
Und sieht dahinter neue Kinderherden.
Man fürchtet sich. Und legt den Kopf ans Tor.
(Es ist, als ob die Hosen kürzer werden.)

Hier floh man einst. Und wird jetzt wieder fliehn.
Was nützt der Mut? Hier wagt man nicht zu retten.
Man geht, denkt an die kleinen Eisenbetten
und fährt am besten wieder nach Berlin.

Diese Zeilen haben mich berührt, weil sie sofort einen
Film bei mir ausgelöst haben. So geht es einem, wenn man
in die alte Heimat zurückkehrt, dorthin, wo früher einmal das Zuhause war. Nur ein Besuch. Wo man mit den Eltern lebte, bis man auszog, die Welt zu erobern. Was man
glaubte, hinter sich gelassen zu haben, und was einen jetzt
doch wieder mit stillem Griff umklammert. Für ein paar
Stunden hält man das aus, aber die Vorstellung, hier wieder zu leben, ist die Hölle. Als wäre man auf seinem Weg
nicht einen Zentimeter weitergekommen. Noch jahrelang
beschlich mich gelegentlich dieses unangenehme Gefühl,
wenn ich mal an meinem Elternhaus in Mettmann vorbei-
kam. Ich habe darüber sogar mal ein Lied geschrieben:

UNSER HAUS (1999)

Hab ich zwanzig Jahre lang hier gewohnt,
    in diesem stillen Haus,
In dem nur noch meine Mutter lebt
    und die Erinnerung verstaubt?
Sechs Kinder haben hier mal getobt,
    immer bis mein Vater heimkam
Und wenn er uns nicht schlug, dann liebte er uns
    und dafür waren wir ihm dankbar
Ich seh das alles noch immer vor mir
    wie in einem Kinofilm
Als wär es nie mein Leben gewesen,
    als ob ich jemand anders bin

Als Tom Sawyer und als Sherlock Holmes
Sind wir hier durch die Gegend gerannt
Wie oft haben wir uns mit Steinen beworfen
Und schlossen Frieden schon am nächsten Tag
Im Garten heimlich rauchen,
    der erste Vollrausch mit acht Jahren
Von 'ner halben Dose Altbier an einem Sommernachmittag
Hier hab ich gelernt zu lügen, zu streiten
    und zu intrigieren
Zu vergeben und vergessen, zu gewinnen und verlieren
Es gab Enttäuschungen und Tränen,
    obwohl ich meistens glücklich war
Mit unserem kleinen Vorstadt-Leben
    in unserer Nachbarschaft
In diesem Haus fand ich meinen Vater tot in seinem Bett
Mir wurde klar, als ich seine Hand hielt,
    dass ich nicht auch hier sterben will.

Heute überwiegt ein anderer Gedanke, wenn ich vor dem Haus meiner Kindheit stehe: Dass die Eltern ihr Bestes gegeben haben, auch wenn es nicht immer gereicht hat. Und dass wir Kinder es eigentlich gut hatten.

Natürlich trugen wir auch die Sorgen und Nöte der Alten mit, waren belastet von ihrem Vorleben und dem Streben, nach dem von den Deutschen verschuldeten Krieg und seinen schlimmen Folgen irgendwie wieder in die Spur zu kommen. Das hat die Nachkriegsjugend in den Fünfziger- und selbst in den Sechzigerjahren noch geprägt und natürlich unser Verhältnis zu Vater und Mutter.

Der Liedermacher Hannes Wader hat großartige Worte gefunden, um das Verhältnis zu seinen Eltern zu beschreiben:

ELTERN (1995)

Die Sonne geht unter und legt noch einmal
Ein leichtes Rouge auf das sterbende Tal
Überschminkt alle Narben, der flüchtige Schein
Vergangener Armut stellt sich wieder ein

Ich weiß noch, der Himmel war meistens bedeckt
Und die Wälder getränkt von langem, schwerem Regen
Und unter uralten Eichen versteckt
Herrschten auf stolzen Höfen einsam, abgelegen
Bauerngeschlechter, hochfahrend, hart
Auch ich habe noch manche Eigenart
Beibehalten aus jener Zeit
    und sei es nur meine Langsamkeit

Auch ich stamme aus einem alten Geschlecht
Von Leibeigenen, noch mein Vater war Knecht
Ein Rebell ohne Bildung und ohne Glück

Das gönnte ihm kaum mehr als täglich ein Stück
Faden Brotes, gewürzt nur mit seinem Schweiß
All seine verbissene Mühe, sie blieb vergebens

Doch gaben ihm als Belohnung und Preis
Am Ende seines kurzen schweren Lebens
Zwei hässliche Engel am Grab das Geleit
Die Schwestern Ohnmacht und Bitterkeit
Geerbt habe ich nur seine lange Wut,
vielleicht auch ein wenig von seinem Mut

Es heißt, Arbeit schändet nicht; sie tut es doch
So stand meine Mutter, ich sehe sie noch
In der Hochsommerhitze gebückt auf dem Feld
Von Sorgen und schwerer Arbeit entstellt

Ich hätte sie später gar reich beschenkt
So wie ein Pirat, der von See zurückgekommen
Seine Mutter mit Gold und Brillanten behängt

Nur hat sie von mir nie etwas angenommen
Sie konnte nur geben, ihr Leben lang
Nicht nur all die Lieder, die sie für mich sang
Auch die, die ich selber schrieb, denke ich mir
Und noch schreiben werde – verdanke ich ihr

Es ist mir unerklärlich, warum ich so lange gebraucht habe,
auf Waders Werke aufmerksam zu werden. Wieder einmal muss ich meine früheren fundamentalistischen Punk-
Scheuklappen dafür verantwortlich machen, lange blind
gegenüber Sprachgenies älterer Generationen gewesen zu
sein. Erst als wir mit den Hosen mal aus Spaß »Heute hier,
morgen dort« im Proberaum gespielt haben, sprang der

Funke über. Ich kannte das Lied von Lagerfeuerabenden auf Jugendfreizeiten und hatte es lange vergessen, bis ich es auf einmal wieder im Radio hörte.

Hannes ist für mich eine herausragende Person, ein Idealist und bescheidener Mensch, ich kenne ihn nun schon viele Jahre. Er ist ein Romantiker, und vielleicht hat er sich auch deshalb manchmal verlaufen. Er legte sich mit dem Establishment an, wurde als Sympathisant der RAF missverstanden, observiert, abgehört und von den Medien boykottiert. Er war eine Zeit lang Mitglied der DKP, stand noch in den Achtzigern vor den Fabriktoren von Mannesmann und Co., sang sozialistische Hymnen – und die Arbeiter gingen einfach an ihm vorbei. In den Neunzigern zog er sich nach und nach aus der Politik zurück, desillusioniert von dem, was er unter Kommunismus verstand und wie dieser in der Realität gelebt wurde. Doch seine Grundwerte hat sich Hannes immer erhalten.

Am meisten bewundere ich an ihm, dass er die Kühnheit besessen hat, den Hurrapatrioten und Nazis, dem rechten Rand, die lange von ihnen besetzte und missbrauchte Volksmusik zu entreißen und wieder zurückzuholen. Nämlich dorthin, wo sie hingehört, zu den normalen Menschen jeder Schicht und jeden Alters, die die alten Lieder ohne den Geschmack von dumpfer Deutschtümelei wieder singen, hören und genießen möchten. Zum Entsetzen der Gralshüter der linken Szene brachte der Mann, der jahrelang linke Texte verfasst und kommunistische Arbeiterlieder vorgetragen hatte, plötzlich Volkslieder heraus. Fing an, »Das Wandern ist des Müllers Lust« zu singen, und meinte das auch noch ernst. »Bunt sind schon die Wälder«, »Ade zur guten Nacht«. Das hatte Courage, das hat kein anderer gebracht.

Bis heute lebt Hannes Wader auf seine Weise konsequent, macht, was er für richtig hält und worauf er Lust hat. Er singt Schubert und Bellmann, singt Seemannslieder, singt auf Platt, er hat die ganze volkstümliche Musik wieder in unsere gesellschaftliche Mitte geholt, sodass wir diesen Sachen wieder offen begegnen können, ohne einen braunen Geruch befürchten zu müssen. Wenn einer wie Wader diese Lieder singt, dann sind sie in Ordnung.

Auch ich hatte das Bedürfnis, nach dem Tod meiner Mutter ein Lied über sie zu schreiben. Geht es nur mir so, oder steckt es in den meisten von uns, dass wir uns so schwertun, den Eltern zu Lebzeiten unsere Liebe auszudrücken? Und uns dies wiederum so leichtzufallen scheint, wenn es eigentlich zu spät ist und sie von uns gegangen sind. Nur wenige Wochen nach Mutters Tod flossen die Worte zu dem Lied wie von selbst aus mir heraus. Ich brauchte dafür nur zwanzig Minuten und habe die Zeilen danach nie wieder verändert.

NUR ZU BESUCH (2001)

Immer wenn ich dich besuch, fühl ich mich grenzenlos
Alles andere ist von hier aus so weit weg
Ich mag die Ruhe hier, zwischen all den Bäumen
Als ob es den Frieden auf Erden wirklich gibt
Es ist ein schöner Weg, der unauffällig zu dir führt
Ja, ich habe ihn gern, weil er so hell und freundlich wirkt
Ich habe Blumen mit, weiß nicht, ob du sie magst
Damals hättest du dich wahrscheinlich sehr gefreut
Wenn sie dir nicht gefallen, stör dich nicht weiter dran
Sie werden ganz bestimmt bald wieder weggeräumt
Wie es mir geht, die Frage stellst du jedes Mal
Ich bin okay, will nicht, dass du dir Sorgen machst

Und so red ich mit dir wie immer
So als ob es wie früher wär
So als hätten wir jede Menge Zeit

Ich spür dich ganz nah hier bei mir
Kann deine Stimme im Wind hören
Und wenn es regnet, weiß ich, dass du manchmal weinst
Bis die Sonne scheint, bis sie wieder scheint

Ich soll dich grüßen von den andern
Sie denken alle noch ganz oft an dich
Und dein Garten, es geht ihm wirklich gut
Obwohl man merkt, dass du ihm doch sehr fehlst
Und es kommt immer noch Post,
ganz fett adressiert an dich
Obwohl doch jeder weiß, dass du weggezogen bist

Und so red ich mit dir wie immer
Und ich verspreche dir
Wir haben irgendwann wieder jede Menge Zeit
Dann werden wir uns wiedersehen
Du kannst dich ja kümmern, wenn du willst
Dass die Sonne an diesem Tag auch auf mein Grab scheint
Dass die Sonne scheint, dass sie wieder scheint

Dass ich dieses Lied so kurz nach ihrem Tod schrieb, erklärt, warum die Perspektive so nah ist, warum meine Mutter in dem Moment noch da zu sein scheint. Beim Schreiben war es mir egal, dass andere Menschen diese persönlichen Erinnerungen vielleicht nicht nachvollziehen könnten, mit diesem Garten nichts anzufangen wüssten. Der Text war wie ein Brief an meine Mutter. Die Idee dazu kam mir, weil meine Geschwister und ich für ihre Todesanzeige die letzten vier Zeilen eines wunderschönen Gedichts von Clare Harner zitiert hatten, das uns in diesen Tagen tröstete. Es war auch wie ein Brief verfasst, aber aus Sicht der verstorbenen Person:

IMMORTALITY (1934)

Do not stand
By my grave, and weep.
I am not there,
I do not sleep –
I am the thousand winds that blow
I am the diamond glints in snow
I am the sunlight on ripened grain,
I am the gentle, autumn rain.
As you awake with morning's hush,
I am the swift, up-flinging rush
Of quiet birds in circling flight,
I am the day transcending night.
Do not stand
By my grave, and cry –
I am not there,
I did not die.

Beim Lesen von Gedichten und Liedtexten über die Elterngeneration der Nachkriegszeit fällt mir immer wieder eine Parallele auf: Die Mütter kommen meist besser weg als die Väter, werden verehrt und verständnisvoll behandelt. Mit den Vätern wird deutlich härter ins Gericht gegangen. Da schwingen oft Bitterkeit und Zorn, Ohnmacht und Enttäuschung, manchmal auch Verachtung mit.

Der 1944 geborene Underground-Literat Jörg Fauser, der tragischerweise an seinem 43. Geburtstag tödlich verunglückte, hat dazu einen grandiosen Text verfasst:

METZGEREI (1977)

Heut abend in der Metzgerei
stand ein alter Mann vor mir
fadenscheiniger Wintermantel
eine Warze im Genick
schwärzlicher Rand am Hemdkragen
ausgetretene Halbschuhe
Reste von Ohropax in den Ohren
verknorpelte Hände
an eine Plastiktüte geklammert
und als er an der Reihe war
bestellte er mit leiser Stimme
50 Gramm Blutwurst
50 Gramm Sülze
und eine Flasche Vollbier
zahlte zögernd aus einer abgewetzten Börse
und ging rasch und ohne Gruß
in seinen Winter

und mir wurde plötzlich klar
wie sie alt
und besiegt und vernichtet sind
meine Väter

Das war die Zerlegung einer ganzen Generation, die Quittung für ein vergiftetes Leben mit falschen Idealen. Ob Mitläufer oder Brandstifter – vor diesen Menschen hatte man einmal Angst. Nun war ihre Zeit vorbei, ihnen gegenüber blieben nur Ekel und Abscheu. Und da war auch die Verunsicherung, dass der ein oder andere zu Unrecht beschuldigt wurde und viele der boshaftesten Gestalten nie zur Verantwortung gezogen wurden. Oft waren es gerade sie, die katzengleich auf allen vieren landeten und sich in der neuen Welt mithilfe ihres alten Netzwerks wieder einrichten konnten.

Hannes Wader nähert sich dem Trauma des verlorenen Krieges und seiner gebrochenen Seelen auf andere Weise. Er beschreibt hier Kindheitserinnerungen und trifft mit jeder Zeile ins Herz:

ERINNERUNG (1980)

Ich erinnere mich zurück bis in mein drittes Lebensjahr
Da schickte mir mein Vater, der in Norwegen war
Als Soldat um die Weihnachtszeit eine Eisenbahn aus Holz
Sie wurde meine Liebe und ich spielte voller Stolz

Mit der Lok, aus deren Schornstein
  dicke, weiße Watte quoll
Lud sie jeden Tag mit Kohle,
  Sand und andern Gütern voll
Wenn ich des Nachts,
  die Lok im Arm auf meinem Kissen schlief
Geschah es oft,
  dass ich im Traum nach meinem Vater rief

Dass er trotzdem niemals kam,
  konnte ich noch nicht verstehen
Und so fasste ich den Plan,
  zu ihm nach Norwegen zu gehen

Ja, vielleicht sind wir Menschen nur dazu geboren
Um ruhelos zu suchen bis zum Schluss
Auch ich habe irgendwann einmal etwas verloren
Was mir fehlt und was ich wiederfinden muss

Eines Morgens, in der Dunkelheit, es war im Januar
Zog ich mich mühsam selber an, die Luft war kalt und klar
Ich koppelte die Wagen an, im ersten Morgenrot
Im einen lag ein Apfel und im andern ein Stück Brot

Doch ich kam nur langsam vorwärts,
        denn die Straße war verschneit
Schon fast Nachmittag
        und der Weg nach Norwegen noch weit
Mir gefror der Rotz am Ärmel, und da stand ich winzig klein
Fing an zu weinen, schlief dann bald im Straßengraben ein
Der Briefträger, der durch Zufall dort vorüberkam
War es, der mich fand,
        mich halb erfroren mit nach Hause nahm

Frühjahr 45 war der Krieg dann endlich aus
Doch statt Vater kam ein Onkel Eduard nach Haus
Das war Vaters Bruder und ich weiß es noch genau
Wie er ankam, den Soldatenmantel, abgerissen – grau

Aber ich, so sagte Mutter später, stürzte mich auf ihn
Onkel »Papa«, Onkel »Papa«,
        habe ich immer nur geschrien
Am nächsten Tag, als ich mit ihm in Omas Küche saß
Sprach er nicht ein Wort mit mir,
        sondern schimpfte auf den Fraß

Und vor Hass auf seine Mutter warf er,
        warum weiß ich nicht
Ihr den vollen Teller mit dem heißen Grünkohl ins Gesicht

Oft habe ich gebettelt um ein bisschen Liebe wie ein Hund
Doch stattdessen schlug mein Onkel mich
        und meistens ohne Grund

Manchmal nahm er die Trompete
    machte sich zum Ausgehen fein
Meist in lauen Vollmondnächten
    und man konnte sicher sein
Dass im Dorfe jeder lauschte und die Fenster offen ließ
Wenn er dann vom Berg herunter
    traurig schöne Lieder blies

Vorher ging er in die Kneipe und dort soff er sich in Wut
Verprügelte die Gäste. Wenn er, dann im eignen Blut
Morgens vor der Haustür lag, hatte er noch Kraft genug
Dass er mit der blutbesudelten Trompete nach mir schlug

Meine Eisenbahn aus Holz
    war längst zertrümmert und verbrannt
Und auch Norwegen erschien mir so wie jedes and're Land
Und auch Vater kam nach Hause
    ein Jahr später, irgendwann
Was er sagte, wie er aussah, ich erinn're mich nicht dran

Fand auch später, als ich größer wurde,
    nie mehr diesen Ton
Nun ihr wisst schon, was ich meine,
    dies Verhältnis Vater–Sohn
Mein Gefühl für ihn, das hatte schon ein anderer verbraucht
Wie ein Feuer ausgepisst, das dennoch ewig weiterraucht
Doch ein Funke von Vertrauen
    ist noch da und irgendwann
Will ich glauben, kommt ein Wind
    und bläst das Feuer wieder an

Bei all dem Schmerz und der Traurigkeit dieser Zeilen bleibt da ein gewisses Verständnis für die Menschen, die vom Krieg zermürbt und von der Heimkehr überfordert waren. Sich zusammenreißen, wieder aufstehen, weitermachen – es gab keine Alternative. Für Gefühle und psychische Probleme war kein Platz. Für das Geschehene fand man keine Worte, die Menschen blieben stumm, Verdrängung anstelle von Aufarbeitung.

Bei einem Lied von Ton Steine Scherben geht es im Konflikt mit der Elterngeneration gar nicht mehr um Empathie oder die Frage nach den Ursachen, sondern um Abgrenzung und innere Abkehr. Der Vater als Vorbild? Er war das genaue Gegenteil, stand für all das, was man nicht sein wollte. Hier gab es keine Brücken mehr.

ICH WILL NICHT WERDEN, WAS MEIN ALTER IST (1971)

Wenn ich nach Hause komme, sitzt da ein alter Typ
Der meint, er ist mein Vater,
    und ich glaub auch, daß er's ist

Wir sehn uns nur manchmal
    und dann reden wir nicht viel
Doch wenn wir reden, sagt er:
    »Junge, aus dir wird mal nicht viel

Alles, was du anfängst, hörst du gleich wieder auf
Du kannst doch nie 'ne Familie ernähren,
    und du kriegst auch keine Braut

Du mußt arbeiten, du mußt schuften so wie ich!«
Aber ich will nicht werden, was mein Alter ist.

Ich möchte aufhören und pfeifen auf das Scheißgeld
Ich weiß, wenn das so weitergeht,
    bin ich fertig mit der Welt

Arbeit macht das Leben süß, so süß wie Maschinenöl
Ich mach den ganzen Tag nur Sachen,
    die ich gar nicht machen will

Ich möchte gern mal meinem Chef die Möbel geradeziehn
Doch ich krieg die Faust nicht aus der Tasche,
    ich weiß nicht mehr, was ich will

Ich möchte am liebsten abhauen,
    wenns zu Hause wieder kracht
Ich warte jeden Montagmorgen schon auf Freitagnacht

Doch mein Alter sagt: »Du mußt arbeiten,
    du mußt schuften so wie ich!«
Aber ich will nicht werden, was mein Alter ist ...

In die Lehre gehen, noch bei den Eltern wohnen, von ihnen abhängig sein. Nicht wissen, was und wohin man mit dem Leben will, Hauptsache nicht werden wie die Alten. Raus aus dem Gefängnis. Wut und Frustration stecken in diesen Zeilen, der offenen Konfrontation mit dem Vater noch aus dem Wege gehend. Doch die Zündschnur brennt schon. Irgendwann kommt der Tag, an dem es wirklich kracht. So ergeht es vielen, so erging es auch mir. Es braucht Kraft und einen Empörungsmoment, gegen den eigenen Vater aufzustehen. Oft geht es dabei gar nicht um einen selbst, man erträgt vieles, und der Mut ist noch nicht da. Der finale Auslöser liegt woanders. Bei mir war es ein Angriff meines Vaters auf meine Mutter, die er anschrie und zu stoßen begann. Ich war siebzehn, handelte im Affekt und ging dazwischen, ohne eine Sekunde zu zögern: »Noch ein Schritt, und ich hau dich um«, schrie ich und konnte es kaum glauben, dass der Vater tatsächlich abließ. Mit einem Lachen, das ich nicht deuten konnte. Ein Schlüsselmoment. Davon gibt es einige, man wird sie nie vergessen.

Auch ich habe ein Lied über meinen Vater geschrieben. Ich brauchte lange, bis ich in der Lage war, die richtigen Worte zu finden. Da war er schon viele Jahre tot. So ist auch der Blickwinkel ein völlig anderer als in dem Lied über meine Mutter, die gerade erst verstorben war, als es entstand. Die zeitliche Distanz ließ meinen Rückblick auf ihn milder werden. Ich verstehe das Lied als eine Art Handreichen, das mir mit den Jahren immer leichterfiel. Wir hatten eine ambivalente Beziehung. Einerseits war ich sein Lieblingssohn und hatte es deshalb mit ihm sicherlich einfacher als meine fünf Geschwister. Andererseits gab es zwischen ihm und mir große Auseinandersetzungen. Ich habe es gehasst, wie er den englischen Teil meiner Familie behandelt hat, insbesondere meine Großmutter Alice, aber auch seine eigene Frau. Warum ausgerechnet er, der eine Britin geheiratet hat, mit England solche Probleme hatte, habe ich nie verstanden. Vielleicht war er eifersüchtig und fühlte sich ausgegrenzt, wenn die englische Oma zu Besuch war und im ganzen Haus plötzlich nur noch Englisch gesprochen wurde. Auch seine Angewohnheit, nach außen hin immer freundlich zu sein, sich aber innerhalb der Familie gehen zu lassen – das war mir unbegreiflich, und ich konnte es nicht verzeihen.

In meinem Lied über ihn schreibe ich von unserer letzten Begegnung. Mein Vater war seit einer Woche etwas krank, eine Grippe wahrscheinlich, und die Mutter war auf Reisen. So besuchte ich ihn an einem Sonntag. Unser Verhältnis war zu dieser Zeit etwas angespannt. Da hatte er manchmal sentimentale Anwandlungen, suchte meine Nähe, wollte mich umarmen. Ich habe mich diesen Versuchen oft entzogen, bin zur Seite gewichen, fand diese Nähe in unserer Situation nicht passend. Doch an diesem Tag, wo er, um mich zu verabschieden, so kränklich, aber guter Dinge vor mir stand, ließ ich die Umarmung zu, sie war lang und innig, und auch ich drückte ihn sehr. Ohne besonderen Grund, ohne Vorahnung. Drei Tage später war er tot.

DRAUSSEN VOR DER TÜR (2012)

Haben uns lang ignoriert und kaum noch akzeptiert
In dieser Zeit, die für uns beide schwierig war
Warst so Gewalt, und ich so voller Hass
Wir kamen jahrelang überhaupt nicht klar

Ich wollte nie so sein wie du und wie du denkst
Heut merke ich immer wieder, wie ähnlich ich dir bin
Zum Glück war's damals nicht zu spät
Wir haben uns verziehen, der Wind hat sich gelegt

Das ist alles so lange her, so unendlich weit weg
Doch es fällt mir nicht schwer
Mich zu erinnern, wie's beim letzten Mal war
Als wir uns noch sahen
Da draußen vor der Tür

Man sagt, und ich weiß jetzt, dass es stimmt
Dass es viele Freunde doch nur einen Vater gibt
Und heute wo du weit weg bist
Kann ich dich langsam so viel besser sehen

So wie jetzt habe ich dich früher nie vermisst
Schritt für Schritt komm ich zu dir zurück

Das ist alles so lange vorbei
Doch die Bilder dieser Zeit, sie sind alle noch hier
Ein ganzes Jahr, ist eine halbe Ewigkeit
Und es ist Ewigkeiten her, da draußen vor der Tür

Das ist alles so lange her, so unendlich weit weg
Und ich habe kapiert
Dass ich dich nie, niemals verlier
Doch obwohl du mir bleibst, fehlst du mir sehr

Die schwerste Auseinandersetzung, die ich mit meinem Vater hatte, der Moment der Abkopplung, was die Wertvorstellungen im Leben angeht, war die Tatsache, dass ich den Wehrdienst verweigert habe. Ich hatte große Angst vor dieser Diskussion mit ihm. Von September 1939 bis Mai 1945, vom ersten bis zum letzten Tag, war mein Vater Soldat im Krieg gewesen. Er war in Polen dabei, hat den Frankreichfeldzug mitgemacht, wurde in Stalingrad durch einen Kopfschuss verletzt und im letzten Moment ausgeflogen. In Österreich geriet er in amerikanische Gefangenschaft, und als er schließlich vom Krieg heimkehrte, hatte er den festen Vorsatz: »Eine solch grauenhafte Katastrophe darf nie wieder von Deutschland ausgehen.«

Er war überzeugt, dass ein freiwilliger Militärdienst zum Verteidigungszweck der einzige Weg dahin sei. Als 1955 die Bundeswehr gegründet wurde, war er sofort als Reserveoffizier dabei. Dass seine Söhne den Grundwehrdienst als Beitrag zur Gesellschaft leisten würden, war für ihn keine Frage, sondern eine Selbstverständlichkeit.

Als für meinen ältesten Bruder John der Tag der Musterung nahte, hatte er sich über Beziehungen von einem Arzt ein schweres Rückenleiden attestieren lassen. Mit diesen Unterlagen in der Hand wurde John nach der Untersuchung vom Kreiswehrersatzamt Tauglichkeitsgrad 5 bescheinigt. Untauglich. Darüber war mein Vater so erzürnt, dass er ihm eine Zeit lang seine finanzielle Unterstützung entzog. So musste John sich als Briefträger durchschlagen, um sein Studium zu finanzieren. Mein Bruder Mike hingegen leistete den Wehrdienst ohne Murren ab, doch als bei mir die Musterung anstand, versuchte ich fast alles, um eine Einberufung zu verhindern. Ich warf mir tags zuvor Quaaludes-Tabletten ein, die mir eine Freundin aus Amerika mitgebracht hatte und von denen ich nicht genau wusste, wie sie wirkten. Schaden konnte das ja nicht. Außerdem schluckte ich den ganzen Inhalt einer Zahnpastatube, weil ich gehört hatte, dass man davon Fieber bekommt. Ich stand mit todtrauriger Miene vor den Ärzten und spielte den Depressiven. Das Ergebnis: T1, voll verwendungsfähig!

Meine Verzweiflung war groß, ich hatte da noch nicht den Mut, vor den Augen meines Vaters zu verweigern. Ich wurde also einberufen, mein Vater war zufrieden und ich am Boden zerstört. Erst als ich auf dem Gelände der Diedenhofen-Kaserne in Wuppertal-Ronsdorf eintraf, mit schwarz-rot-gelb gefärbten Haaren und einem Wäschesack in der Hand, wurde mir klar, dass ich mich endlich stellen musste. Das hier war für mich als Punk unerträglich. Befehl und Gehorsam, funktionieren, ohne nachzufragen, marschieren in Reih und Glied – wofür und gegen wen? Waren das nicht alles Dinge, gegen die wir Punks angetreten waren? Der Argumentation meines Vaters konnte und wollte ich nicht folgen. Ich würde also entweder die Wertvorstellungen und Ideale meines Vaters verraten oder meine eigenen. Ich entschied mich gegen meinen Vater, reichte nach drei Monaten meine Verweigerung ein und wurde nach einem Gerichtsprozess und weiteren fünf Monaten beim Bund in den Zivildienst überstellt.

Die Zeit beim Bund war schwer für mich gewesen. Als
»Sand im Getriebe« musste ich von den Vorgesetzten einiges einstecken, und meine Sorge, am Ende als Verweige-
rer nicht anerkannt zu werden, war quälend groß. Halt und
Kraft fand ich bei einem Lied von Cock Sparrer. Sie und
vor allem ihre Fans waren berüchtigt als harte Truppe mit
vielen Skinheads im Gefolge. Ich wusste anfangs nicht genau, wo Cock Sparrer eigentlich politisch standen, denn
sie waren Teil der Oi!-Szene, die zum großen Teil neutral
war, aber auch eine Menge rechter Hooligans anzog. Doch
dann brachten sie 1982 das Album *Shock Troops* heraus,
und alles war gut. Denn darauf war das Stück »Out On An
Island«, und es drückte genau aus, was mit einundzwanzig
Jahren meine Seelenlage war:

OUT ON AN ISLAND (1982)

Everybody's got a number tattooed on their soul
And the time's gonna come boys,
    when your number's called
Everybody gets a uniform and a hut to live in
They give you your rank, you tell 'em your next of kin
There's no escape for the likes of you, my friend

But I'm gonna be out on an island
In the middle of the bright blue sea
Out on an island
Where nobody's gonna bother looking for me

Everybody gets the training, in the wind and the rain
Ten miles cross country, driving you insane
Everybody gets to jump the hoop and march in time
You just gotta remember, you gotta toe the line
So don't go looking over your shoulder for me

Cause I'm gonna be out on an island
In the middle of the bright blue sea
Out on an island
Where nobody's gonna bother looking for me

Every number's a hero and every hero's a son
But every son's just a number when the battles begun
So don't go waiting on the corner for me

Der tägliche Drill, die Stumpfheit der Aufgaben, die Sinnlosigkeit von Krieg. Cock Sparrer sprachen mir aus dem
Herzen. Dass Idole wie sie sich von Kriegslust und -ge-
walt distanzierten, bedeutete mir viel. »Wenn die Schlacht
beginnt, schau dich nicht nach mir um! Ich werde weit
weg auf einer Insel sein, mittendrin im leuchtend blauen
Meer, wo niemand sich die Mühe macht, nach mir zu suchen.«

Wenn zähe Knochen wie Cock Sparrer eher weglaufen
und desertieren würden, als diesen Wahnsinn mitzuma-
chen, war mir das eine Aufforderung, es ihnen gleichzutun.
Aber auch andere Lieblingsbands von mir, zum Beispiel
die Stiff Little Fingers (»Tin soldiers, now you know the
truth, you signed away your youth, tin soldiers, sign away
your life!«), UK Decay (»His Majesty's pleasure's my ho-
nor to die for my country«) und viele andere machten zu
der Zeit klar, wo sie standen.

Anders als in der Bundesrepublik gab es in Großbritannien seit 1960 keine Wehrpflicht mehr, junge Menschen
meldeten sich freiwillig zum Militärdienst. Vor allem wegen
der hohen Arbeitslosigkeit und mangelnder Perspektiven
entschlossen sich damals viele junge Männer zum Dienst an
der Waffe. Einmal unterschrieben, gab es kein Zurück. Die
Ausbildung in der britischen Armee war hart, und die Mög-

lichkeiten, sich zu beschweren, gering. Schließlich bedeutete Militärdienst bei ihnen auch, tatsächlich in eine Kampf-
situation zu geraten. Einsätze in Irland oder anderswo auf
der Welt waren für die Briten nicht ungewöhnlich.

Die politischen Gedichte von Erich Kästner waren mir damals leider noch nicht bekannt, auch nicht seine Abscheu
vor Militarismus und Krieg. Umso begeisterter war ich, sie
später zu entdecken.

DIE ANDRE MÖGLICHKEIT (1930)

Wenn wir den Krieg gewonnen hätten,
mit Wogenprall und Sturmgebraus,
dann wäre Deutschland nicht zu retten
und gliche einem Irrenhaus.

Man würde uns nach Noten zähmen
wie einen wilden Völkerstamm.
Wir sprängen, wenn Sergeanten kämen,
vom Trottoir und stünden stramm.

Wenn wir den Krieg gewonnen hätten,
dann wären wir ein stolzer Staat.
Und pressten noch in unsern Betten
die Hände an die Hosennaht.

Die Frauen müssten Kinder werfen,
ein Kind im Jahre. Oder Haft.
Der Staat braucht Kinder als Konserven.
Und Blut schmeckt ihm wie Himbeersaft.

Wenn wir den Krieg gewonnen hätten,
dann wär der Himmel national.

Die Pfarrer trügen Epauletten.
Und Gott wär deutscher General.

Die Grenze wär ein Schützengraben.
Der Mond wär ein Gefreitenknopf.
Wir würden einen Kaiser haben
und einen Helm statt einem Kopf.

Wenn wir den Krieg gewonnen hätten,
dann wäre jedermann Soldat.
Ein Volk der Laffen und Lafetten!
Und ringsherum wär Stacheldraht!

Dann würde auf Befehl geboren.
Weil Menschen ziemlich billig sind.
Und weil man mit Kanonenrohren
allein die Kriege nicht gewinnt.

Dann läge die Vernunft in Ketten.
Und stünde stündlich vor Gericht.
Und Kriege gäb's wie Operetten.
Wenn wir den Krieg gewonnen hätten –
zum Glück gewannen wir ihn nicht!

Kästner bezog sich mit diesem Text auf den Ersten Weltkrieg, aber er klingt geradezu prophetisch für die Jahre, die
auf Nazi-Deutschland zukommen würden. Falscher Natio-
nalstolz, die Frau als »Quelle der Nation«, die möglichst
viele Kinder, vor allem für den soldatischen Nachschub, ge-
bären sollte, und der Krieg als Selbstverständlichkeit – das
war hier alles schon drin. Gleichzeitig ist das Gedicht auch
heute noch brandaktuell angesichts des weltweiten Erstar-
kens von Nationalismus und Fremdenhass.

Auch Kurt Tucholsky, der neun Jahre älter als Kästner war, verstand sich als Gebrauchslyriker. Die beiden begegneten sich nicht oft, waren sich aber wohlgesinnt. Die grenzenlose Ablehnung von Krieg, Militär und Faschismus teilten sie. Tucholsky fand schon Jahre vor Hitlers Machtergreifung scharfe Worte, um vor der immer stärker drohenden Gefahr der Nazis zu warnen:

DEUTSCHLAND ERWACHE! (1930)

Daß sie ein Grab dir graben,
daß sie mit Fürstengeld
das Land verwildert haben,
daß Stadt um Stadt verfällt ...
   Sie wollen den Bürgerkrieg entfachen –
   (das sollten die Kommunisten mal machen!)
daß der Nazi dir einen Totenkranz flicht –:
   Deutschland, siehst du das nicht –?

Daß sie im Dunkel nagen,
daß sie im Hellen schrein;
daß sie an allen Tagen
Faschismus prophezein ...
   Für die Richter haben sie nichts als Lachen –
   (das sollten die Kommunisten mal machen!)
daß der Nazi für die Ausbeuter ficht –:
   Deutschland, hörst du das nicht –?

Daß sie in Waffen starren,
daß sie landauf, landab
ihre Agenten karren
im nimmermüden Trab ...
   Die Übungsgranaten krachen ...
   (das sollten die Kommunisten mal machen!)

daß der Nazi dein Todesurteil spricht –:
Deutschland, fühlst du das nicht –?

Und es braust aus den Betrieben ein Chor
von Millionen Arbeiterstimmen hervor:

Wir wissen alles. Uns sperren sie ein.
Wir wissen alles. Uns läßt man bespein.
Wir werden aufgelöst. Und verboten.
Wir zählen die Opfer; wir zählen die Toten.
Kein Minister rührt sich, wenn Hitler spricht.
Für jene die Straße. Gegen uns das Reichsgericht.
Wir sehen. Wir hören. Wir fühlen den kommenden Krach.
Und wenn Deutschland schläft –:
　　　　　Wir sind wach!

Die Parole »Deutschland, erwache!« hatte Tucholsky der Nazi-Hymne »Sturmlied« von 1920 entnommen, um sie in seinem Gedicht gegen die Nazis zu wenden. Diese eindringliche Beschreibung der aufgeheizten Stimmung in den letzten Jahren der Weimarer Republik lässt mich heute noch frösteln. Wenn ich die Zeilen lese, frage ich mich, wie irgendjemand im Nachhinein behaupten konnte, »man habe ja nichts geahnt«. Es stand schwarz auf weiß geschrieben, hätte man es nur lesen wollen. Tucholskys letzte Strophe, in der er hofft, dass die Arbeiter sich von Hitler nicht belügen und begeistern lassen würden, erfüllte sich leider nicht. Sie marschierten in großer Zahl mit.

Werke wie die von Kästner und Tucholsky machen Mut und waren Inspirationen für mich, mehr politische Themen in unseren eigenen Liedern zu wagen.

EUROPA (2012)

Unten im Hafen setzen sie die Segel
Fahren hinaus auf's offene Meer
Zum Abschied winken ihre Familien
Schauen ihnen noch lange hinterher

Und das Wasser liegt wie ein Spiegel
Als sie schweigend durchs Dunkel ziehen
Kaum fünfzig Meilen bis zum Ziel
Das so nah vor ihnen liegt

Sag mir, dass das nur ein Märchen ist
Mit Happy End für alle Leute
Und wenn sie nicht gestorben sind
Leben sie noch heute

Sie kommen zu Tausenden, doch die Allermeisten
Werden das gelobte Land niemals erreichen
Denn die Frontex wird sie aufgreifen
Um sie in unserem Auftrag zu deportieren

Und der Rest, der wird ersaufen
Im Massengrab vom Mittelmeer

Weil das hier alles kein Märchen ist
Kein Happy End für all die Leute
Und wenn sie nicht gestorben sind
Sterben sie noch heute
Sterben sie noch heute

»Europa« ist kein Lied über den Krieg, aber über seine Folgen: Flucht, Vertreibung, Elend. Vor allen Dingen jedoch geht es um die Schamlosigkeit, mit der sich die Trutzburg Europa abriegelt vom verzweifelten Rest der Welt und sich die Hände dabei möglichst nicht schmutzig machen will. Das ist der gemeinsame Nenner, auf den sich die Mitgliedstaaten der EU einigen können, auch wenn sie ansonsten heillos zerstritten sind. Die erste Strophe ist noch bewusst so gehalten, dass man annehmen könnte, es handele sich um eine romantische Fahrt in ein schönes Abenteuer, die zweite Strophe lässt keinen Deutungsspielraum mehr zu.

Wenn man einen klassischen Rocksong schreibt, arbeitet man meist mit Strophe und Refrain als wiederkehrendem Element, um zu erreichen, dass sich eine Melodie oder eine Zeile im Kopf »festhakt«. Ein Gedicht hingegen kommt ohne Refrain aus, würde durch Wortwiederholungen schnell langweilen. Deshalb ist es oft eine Herausforderung, Gedichte zu vertonen und musikalisch zu interpretieren. Für die Toten Hosen ist das immer nur interessant, wenn eine Chance besteht, dass der jeweilige Text aktuell wirkt, so, als wäre er gerade neu geschrieben worden. Der Hörer soll sich nicht fragen, wann der Text wohl entstanden ist, sondern ihn einfach auf sich wirken lassen. Keine altsprachlichen Ausdrücke oder Satzstellungen dürfen davon ablenken, nichts, was die Stücke abgehoben oder elitär klingen lassen würde. Je älter ein Werk, desto schwieriger wird die Aufgabe.

Als Düsseldorfer Band war uns zum Beispiel klar, dass wir irgendwann einmal versuchen würden, Heinrich Heine zu vertonen. Wir haben uns auch mehrfach an sein großartiges Werk herangewagt, aber es ist uns nie gelungen, diesen gewissen Staub aus den Zeilen zu klopfen, dieses Muffig-Altdeutsche, das in den Worten steckt. Dadurch hörten sich unsere Versionen nie wirklich greifbar an, hatten nichts von

Hier und Jetzt. Sie wirkten immer irgendwie oberlehrerhaft und altklug, waren also für uns nicht geeignet.

Ganz im Gegensatz zu den Texten von Erich Kästner. Da gibt es kein Problem, schon weil die letzten hundert Jahre uns im heutigen Sprachgebrauch noch sehr vertraut sind. Ein bitteres, verstörendes Gedicht von ihm über die Sinnlosigkeit des Krieges vertonten wir 2012:

STIMMEN AUS DEM MASSENGRAB (1928)

Da liegen wir und gingen längst in Stücken.
Ihr kommt vorbei und denkt: sie schlafen fest.
Wir aber liegen schlaflos auf den Rücken,
weil uns die Angst um Euch nicht schlafen lässt.

Wir haben Dreck im Mund. Wir müssen schweigen.
Und möchten schreien, bis das Grab zerbricht!
Und möchten schreiend aus den Gräbern steigen!
Wir haben Dreck im Mund. Ihr hört uns nicht.

Ihr hört nur auf das Plaudern der Pastoren,
wenn sie mit ihrem Chef vertraulich tun.
Ihr lieber Gott hat einen Krieg verloren
und lässt Euch sagen: Lasst die Toten ruhn!

Ihr dürft die Angestellten Gottes loben.
Sie sprachen schön am Massengrab von Pflicht.
Wir lagen unten, und sie standen oben.
»Das Leben ist der Güter höchstes nicht.«

Da liegen wir, den toten Mund voll Dreck.
Und es kam anders, als wir sterbend dachten.
Wir starben. Doch wir starben ohne Zweck.
Ihr lasst Euch morgen, wie wir gestern, schlachten.

Vier Jahre Mord, und dann ein schön Geläute!
Ihr geht vorbei und denkt: sie schlafen fest.
Vier Jahre Mord, und ein paar Kränze heute!
Verlasst Euch nie auf Gott und seine Leute!
Verdammt, wenn Ihr das je vergesst!

Ich weiß nicht, ob man Kästner als Atheisten bezeichnen kann. Zumindest war er ein tief enttäuschter Beter. Mit der Kirche, die so oft auf der Seite der Mächtigen, Reichen und Militaristen stand, hatte er keinen Vertrag. Ihr Opportunismus brachte ihn zur Verzweiflung, das schlägt hier und in anderen seiner Werke deutlich durch. Dem Töten von Menschen ihren Segen zu geben, war für ihn der Gipfel der Heuchelei, und das Sterben im Krieg als Heldentod zu glorifizieren, erschien ihm absurd.

In unserer Fassung haben wir es, ganz wie im Gedicht, dabei belassen, ohne einen Refrain auszukommen, denn das hätte sich angesichts der Krassheit des Textes falsch angefühlt. Lediglich die Zeile »Verdammt, wenn ihr das je vergesst!« wird zum Ende des Songs mehrfach wiederholt. Die Dynamik der Musik wechselt jedoch stetig, um den Spannungsbogen von Anfang bis Ende zu halten.

Grundsätzlich stellt sich die Frage, wie weit man Texte durch Musik lenken und manipulieren kann oder darf. Wie weit darf sich Musik bei gewissen Texten einmischen, gibt es eine rote Linie, das Unerhörte, bei dem sich jede Musik verbietet? Ich denke nein, auch wenn uns solches manchmal fast unmöglich erscheint. Musik ist eine eigene Sprache, sie kann sich mit dem Text ergänzen und ihn sogar da weiterführen, wo Worte am Ende ihrer Möglichkeiten sind.

Der für mich eindringlichste Beweis, dass Worte wiederum immer in Musik übersetzt werden können, ist das

Werk »Ein Überlebender aus Warschau« aus dem Jahr 1947 von Arnold Schönberg. Darin beschreibt ein Zeuge, der der Hölle des Holocaust entkommen ist, die Zustände im Warschauer Ghetto nach der Niederschlagung des Aufstands, das Abzählen der Gefangenen, bevor sie ins Gas geschickt wurden. Ein grausamer, authentischer Bericht, der auch heute noch fassungslos macht und zutiefst verstört. Schönberg unterlegt diese Aussagen mit in Zwölftontechnik geschriebener Musik und erreicht dadurch eine Intensität, die den Hörer erschüttert zurücklässt. Für eine gemeinsame Aufführung mit der Düsseldorfer Musikhochschule und den Toten Hosen zur Erinnerung an Künstler, die seit 1933 wegen der Kulturpolitik der Nazis verunglimpft, verbannt und gejagt wurden, habe ich bei diesem Stück die Sprechstimme übernommen. Es war für mich die größte Herausforderung, der ich mich jemals auf einer Bühne stellen musste. Nicht etwa, weil der Text hauptsächlich auf Englisch gehalten war oder der hochkomplexe Rhythmus der Worte auf den Punkt genau zu den Noten gesprochen werden musste. Viel größere Sorgen bereitete mir meine Anmaßung, die Rolle eines Holocaust-Überlebenden zu übernehmen. Das zu tun, kostete mich große Überwindung, obwohl ich es als wichtig empfinde, dass dieses Stück immer wieder öffentlich gespielt wird, um als Mahnung zu dienen. Ich war erleichtert, als anwesende Gäste der jüdischen Gemeinde in Düsseldorf mir dafür nach der Vorführung dankten.

A SURVIVOR FROM WARSAW (1947)

I can't remember everything. I must have been unconscious most of the time.

I remember only the grandiose moment when they all started to sing, as if prearranged, the old prayer they had neglected for so many years – the forgotten creed! But I have no recollection how I got underground to live in the sewers of Warsaw for so long a time.

The day began as usual: Wake up when it still was dark. »Get out!« Whether you slept or whether worries kept you awake the whole night. You had been separated from your children, from your wife, from your parents. You don't know what happened to them ... How could you sleep?

The trumpets again – »Get out! The sergeant will be furious!« They came out; some very slowly, the old ones, the sick ones; some with nervous agility. They fear the sergeant. They hurry as much as they can. In vain! Much too much noise, much too much commotion! And not fast enough! The Feldwebel shouts: »Achtung! Stilljestanden! Na wird's mal! Oder soll ich mit dem Jewehrkolben nachhelfen? Na jut; wenn ihr's durchaus haben wollt!«

The sergeant and his subordinates hit everyone: young or old, strong or sick, guilty or innocent ...

It was painful to hear them groaning and moaning

I heard it though I had been hit very hard, so hard that I could not help falling down. We all on the ground who could not stand up were then beaten over the head ...

I must have been unconscious. The next thing I heard was a soldier saying: »They are all dead!«

Whereupon the sergeant ordered to do away with us

There I lay aside half conscious. It had become very still – fear and pain. Then I heard the sergeant shouting: »Abzählen!«

They start slowly and irregularly: one, two, three, four – »Achtung!« The sergeant shouted again, »Rascher! Noch mal von vorn anfangen! In einer Minute will ich wissen, wie viele ich zur Gaskammer abliefere! Abzählen!«

They began again, first slowly: one, two, three, four,
became faster and faster, so fast that it finally sound-
ed like a stampede of wild horses, and (all) of a sudden,
in the middle of it, they began singing the Shema
Yisroel.

Ich habe in diesem Buch bei englischen Textstellen auf
eine genaue Übersetzung verzichtet, weil ich denke, dass
die meisten von uns des Englischen mehr oder weniger
mächtig sind. In diesem Fall möchte ich eine Ausnahme
machen, weil wirklich jedes Wort und jede Silbe wichtig ist
und genau verstanden werden muss. Wenn Sie können, be-
sorgen Sie sich bitte die Musik dazu, ich kann sie Ihnen hier
einfach nicht beschreiben.

DER ÜBERLEBENDE AUS WARSCHAU (1947)

An das meiste kann ich mich nicht erinnern – ich muss
lange bewusstlos gewesen sein. Ich besinne mich nur auf
den großen Moment, da alle – wie auf Vereinbarung –
das alte, so lange Jahre vernachlässigte Gebet anstimm-
ten – das vergessene Glaubensbekenntnis.

Aber es ist mir unbegreiflich, wie ich unter die Erde
geriet, in Warschaus Abflusskanälen so lange Zeit leben
konnte.

Der Tag begann wie gewöhnlich. Wecken noch vor
dem Morgengrauen. Heraus, ob ihr schliefet oder ob eure
Sorgen euch die ganze Nacht wachhielten: Ihr wurdet
getrennt von euren Kindern, von eurer Frau, von euren
Eltern, ihr wisst nicht, was ihnen geschah. Wie könntet
ihr schlafen!

Wieder die Fanfaren: »Kommt 'raus! Der Feldwebel
wird wütend!« Sie kamen, manche langsam, die Alten,

die Kranken, manche mit eiligen Schritten. Sie fürchten den Feldwebel. Sie rennen, so gut sie können. Umsonst! Viel zu viel Lärm! Viel zu viel Bewegung und nicht schnell genug!

Der Feldwebel brüllt: »Achtung! Stilljestanden! Na, wird's mal, oder soll ich mit dem Jewehrkolben nachhelfen? Na jut, wenn ihr's durchaus haben wollt!«

Der Feldwebel und seine Soldaten schlagen jeden: Jung und alt, stark und krank, schuldig und unschuldig – es war furchtbar, das Klagen und Stöhnen zu hören.

Ich hörte es, obgleich ich sehr geschlagen worden war – so sehr, dass ich umfiel. Wir alle, die nicht aufstehen konnten, wurden nun über den Kopf geschlagen. Ich war wohl besinnungslos. Als Nächstes hörte ich einen Soldaten sagen: »Alle sind tot!«, und danach des Feldwebels Befehl, uns fortzuschaffen. Ich lag abseits – halb bewusstlos. Es war sehr still geworden – Angst und Schmerz –, dann hörte ich des Feldwebels »Abzählen!«.

Sie begannen langsam und unregelmäßig: Eins, zwei, drei, vier. »Achtung«, rief der Feldwebel wieder. »Rascher! Noch mal von vorn anfangen! In einer Minute will ich wissen, wie viele ich zur Gaskammer abliefere! Abzählen!«

Und nochmals begannen sie, erst langsam: eins, zwei, drei, vier, nun ging es immer schneller, so schnell, dass es schließlich wie das Stampfen wilder Rosse klang, und dann auf einmal – ganz plötzlich mittendrin – fingen sie an, das Schema Israel zu singen.

Das Ringen um die richtigen Worte zur Musik bleibt immer wieder eine große Herausforderung und ist auch mir ein treuer Begleiter, wenn es um das Schreiben von neuen Stücken geht. Andere scheinen Texte einfach aus dem Ärmel zu schütteln, für mich ist es in vielen Fällen ein Kampf. Zu diesem Dilemma habe ich ein paar wundervolle Gedanken von dem großartigen Schriftsteller und Dramatiker Thomas Brasch gefunden, der 1977 als DDR-Dissident nach Westberlin übersiedelte. Sie machen Mut, wenn ich das Gefühl habe, bei einem Text nicht weiterzukommen, und bringen mich zum Lachen, wenn ich mich beim Schreiben dabei erwische, nach einem »Hit« zu schielen. Denn dann zählt meist nur noch die Form und nicht der Inhalt. Man will gefällig und eingängig klingen, vermeidet gedankliche Widerhaken und läuft Gefahr, zu verwässern. Thomas Brasch schreibt:

LIED (vermutlich 1960er-Jahre)

Gibt es ein Lied,
das alle singen können,
gibt es ein Lied,
das alle hier befriedigt,
Es müßt' ein Lied sein
sauber und auch schmutzig
in hohen und in tiefen Tönen
gemischt aus Dur und Moll
mal lustig und mal traurig,
vielleicht auch manchmal beides gleich.

Es müßt' in Höhen schwingen können
so unbeschwert wie Drachen,
die im Herbst
voll Freude
die Sonne hier verdunkeln.

Doch müßt' es auch die Tiefen suchen
die ich am Abend spür'
und müßte plätschern wie der Fluss
und rauschen wie das Meer.

Glaubt ihr,
es gibt solch Lied,
das alle aus dem Herzen
ohne rot zu werden
einer Lüge
singen können.

Und wer das Lied kennt,
sag' es mir,
denn ich hab es
bis heute
nicht gefunden.

Die Suche nach dem perfekten Lied – wenn mich das nicht
mehr antreibt, wäre es Zeit, mit der Musik aufzuhören. Per-
fektion in der Kunst ist relativ, und es geht für mich auch
nicht darum, dieses angebliche Optimum zu finden, es geht
mir um den Aufbruch, den Weg. Jede Lebenssituation hat
ihren eigenen Soundtrack. Die Menschen finden sich darin
wieder, und so ertragen wir es geduldig, wenn vom Kreis-
liga- bis zum Weltmeister im Moment des Sieges »We Are
the Champions« ertönt, auf Hochzeiten ständig »All You
Need Is Love« gesungen wird und an Weihnachten »Stille
Nacht«. Wer Musik nicht nur als Untermalung und leichte
Unterhaltung versteht, sondern auch als Herausforderung,
muss bereit sein, die Hörer aus der Komfortzone zu holen,
sie in unbequemes, manchmal verstörendes Terrain zu ziehen. Auch auf die Gefahr hin, dass sie sich abwenden.

Ein solches Lied schrieben wir, nachdem mir ein paar Zeichnungen traumatisierter Kinder in die Hände gefallen waren, die bei aller Naivität ein Leid ausdrückten, für das es kaum Worte gab. Bilder wie Hilfeschreie.

BÖSER WOLF (1996)

Sie malt gern Bilder von sich selbst
Und riesengroßen Männern in einer Zwergenwelt
Sie weiß Geschichten, die sie nie erzählt
Die meisten davon hat sie selber erlebt
Wie die vom bösen Wolf
Der hin und wieder kommt
Und jedes Mal danach von ihr verlangt
Dass sie niemals ein Sterbenswörtchen sagt
Weil er sie dafür sonst fürchterlich bestraft

Wenn ihre Mami sie in den Arm nimmt
Würde sie am liebsten weinen und alles gestehen
Doch sie hat Angst und sie schämt sich
Sie weiß keinen Rat und versucht wegzusehen
Wenn der böse Wolf hin und wieder kommt
Und jedes Mal danach von ihr verlangt
Dass sie niemals ein Sterbenswörtchen sagt
Weil er sie dafür sonst fürchterlich bestraft

Sie ist so scheu wie ein Reh
Man nimmt sie kaum wahr, denn sie redet nicht viel
Sie bleibt am liebsten für sich allein
Betet zu Gott und wünscht sich dabei
Dass der böse Wolf niemals wiederkommt
Und mit festem Griff um ihren Hals verlangt
Dass sie keinem ein Sterbenswörtchen sagt
Weil er sie dafür sonst fürchterlich bestraft

Der Text entstand, als wir an unserem Album *Opium fürs Volk* arbeiteten. Darauf ging es vor allem um die Auseinandersetzung mit Kirche, Glaube und Gott. Deshalb fiel mir hier vielleicht auch die Zeile »Betet zu Gott und wünscht sich dabei ...« ein. In den Monaten vor den Aufnahmen hatte ich eine Zufallsbegegnung bei einer Mitternachtsmesse in Hamburg, zu der ich aus Neugier gegangen war. Ich wollte sehen, wie viele und vor allem was für Menschen zu einer solchen Veranstaltung mitten im Sommer gehen. Nach der Messe stellte sich mir ein freundlicher Herr mittleren Alters als Abt Stephan vor. Wir kamen ins Gespräch, tranken ein paar Gläser Wein und waren einander sympathisch. Schließlich lud er mich zu sich in die Abtei Königsmünster nach Meschede ein, es war der Beginn einer langen Freundschaft. Ich besuchte ihn damals für einige Tage und konnte zwischendurch in der Ruhe des Klosters gut an meinen Liedern schreiben. Seitdem zog ich mich mehrmals dorthin zurück. Die Gespräche mit den Mönchen haben mir immer viel gegeben. Ich bin evangelisch getauft, aber schon in den Achtzigern aus der Kirche ausgetreten, es hat im Kloster überhaupt keine Rolle gespielt, ich wurde sogar eingeladen, das Abendmahl mit ihnen zu teilen.

Meine Distanz zur Kirche ist geblieben. Aber in Momenten der Angst und Hilflosigkeit habe ich so manches Mal plötzlich die Hände gefaltet und angefangen zu beten. Wahrscheinlich, um mir selbst zu vergewissern, dass ich wirklich alles versucht habe, um eine Sache zum Guten zu wenden. Sind Sie gläubig? Diese Frage würde ich nie mit »Nein« beantworten, dafür ist sie zu komplex. Doch man darf und sollte sie sich immer wieder neu stellen und gegebenenfalls auch neu beantworten. Gott und die Kirche sind jedenfalls zwei verschiedene Sachen, auch Erich Kästner dürfte das so gesehen haben:

NEUES VOM TAGE (1958)

Da hilft kein Zorn. Da hilft kein Spott.
Da hilft kein Weinen, hilft kein Beten.
Die Nachricht stimmt! Der liebe Gott
ist aus der Kirche ausgetreten.

Ich komme immer wieder auf Kästner zurück, weil sein
Schaffen eine bewundernswert große thematische Band-
breite hat. Aber gerade seine Geschichten aus dem normalen Leben, über das kleine Glück oder über gebrochene
Herzen, zeigen, was für ein feiner Beobachter er war. Es
sind die Details, die uns dabei so nahegehen und seine
Texte zeitlos machen. Einige davon sind deutsches Kultur-
gut geworden:

SACHLICHE ROMANZE (1928)

Als sie einander acht Jahre kannten
(und man darf sagen: sie kannten sich gut),
kam ihre Liebe plötzlich abhanden.
Wie andern Leuten ein Stock oder Hut.

Sie waren traurig, betrugen sich heiter,
versuchten Küsse, als ob nichts sei,
und sahen sich an und wußten nicht weiter.
Da weinte sie schließlich. Und er stand dabei.

Vom Fenster aus konnte man Schiffen winken.
Er sagte, es wäre schon Viertel nach vier
und Zeit, irgendwo Kaffee zu trinken.
Nebenan übte ein Mensch Klavier.

Sie gingen ins kleinste Café am Ort
und rührten in ihren Tassen.
Am Abend saßen sie immer noch dort.
Sie saßen allein, und sie sprachen kein Wort
und konnten es einfach nicht fassen.

Eine leidenschaftliche Beziehung landet nach acht Jahren auf dem Boden der Realität. Was bleibt, ist Sprachlosigkeit und das Erschrecken über die Erkenntnis, dass nichts mehr zu retten ist. Das Paar wundert sich, wie es dazu kommen konnte, spürt die Peinlichkeit der Situation und findet nicht aus ihr heraus. In nüchternem Tonfall beschreibt Kästner das, was einmal eine Liebe war, und unterstreicht damit die Endgültigkeit der Trennung. Kein Schwärmen mehr, kein Aufbegehren: Das Feuer ist aus.

Ein Lied von den Toten Hosen erzählt eine ähnliche Geschichte, auch wenn sie inhaltlich leicht anders angesetzt ist. Natürlich will ich unsere Arbeit nicht mit Kästner vergleichen, sondern lediglich mit einem Augenzwinkern feststellen, dass sich hier ein Handwerker am selben Tisch wie der Meister bedient hat.

In unserer Geschichte wird in aller Neutralität das »sich Totlaufen« eines Ehepaares beschrieben, eine Tristesse in Endlosschleife. Weil man das »so macht«, und weil es sich »so gehört«. Man hat aufgegeben, das Ruder noch rumzureißen, und findet sich damit ab. Die Beziehung zu beenden ist keine Option. Zu dieser Zeit kannte ich Kästners Gedichte kaum, die Inspiration waren meine eigenen Eltern. Ihr tägliches Aneinandervorbeileben tat mir für beide weh und löste in mir vor allem einen Gedanken aus: So wie sie möchte ich nicht enden!

ER DENKT, SIE DENKT (1995)

Wie immer sitzen sie am Frühstückstisch
Während er wie gewohnt die Zeitung liest
Wie jedes Mal sagt sie: »Leg sie endlich weg
Und kümmer' dich mehr um mich!«
Er denkt: »Sie begreift mich nie«
Sie denkt: »Was ist mit ihm los?«
Sie würden sich so gern verstehen
Denn sie lieben sich beide so

Er redet ständig von Freiheit
Sie träumt vom Glück zu zweit
Er will sie nicht belasten, sie will seine Sorgen teilen
Und sie reden an sich vorbei

So geht es für viele Jahre, bis ans Ende ihrer Tage
Sie leben zu zweit in Einsamkeit und vermissen sich dabei
So geht es für viele Jahre, bis ans Ende ihrer Tage
Denn beide können nicht ohneeinander sein

Wenn sie mehr Zeit mit ihm verbringen will
So wie es früher angeblich mal war
Fürchtet er um seinen Stammtischtag
Und vertröstet sie auf nächstes Mal
Weil er so schöne Luftschlösser bauen kann
Zieht sie jedes Mal dort ein und glaubt daran
Und wenn er alle diese Pläne dann wieder umstößt
Steht sie mit leeren Händen da

So geht es für viele Jahre ...

Sie suchen sich, sie brauchen sich
Sie lieben sich, doch sie finden sich nie

Während er die Spätnachrichten sieht
Wartet sie auf ihn im Bett
Wenn er dann endlich in die Kissen kriecht
Schläft sie schon tief und fest

So geht es für viele Jahre, bis ans Ende ihrer Tage
Sie leben zu zweit in Einsamkeit und vermissen sich dabei

Die Musik wirkt wie Sonnenschein. Akustische Instrumente, leichtfüßig und melodiös, ein Popsong. Damit steht sie bewusst im Gegensatz zu dem grauen und traurigen Text, der aus der Beobachterperspektive geschrieben wurde – eine sachliche Bestandsaufnahme, die nichts bewertet und keine Partei ergreift. Die Fakten sprechen für sich.

Einen beeindruckenden Text entdeckte ich in dem Gedichtband *Mein Lied geht weiter* von Mascha Kaléko, die in den 1920er-Jahren in der literarischen Szene Berlins wirkte. Sie beschreibt das Unglück einer langsam schwindenden Liebe aus der Ich-Perspektive, hier kann von Neutralität keine Rede sein. Bei jeder Zeile fühlte ich mich, als hätte ich das alles selbst erlebt:

DAS ENDE VOM LIED (1933)

Ich säh dich gern noch einmal wie vor Jahren
Zum erstenmal. Jetzt kann ich es nicht mehr.
Ich säh dich gern noch einmal wie vorher,
Als wir uns herrlich fremd und sonst nichts waren.

Ich hört dich gern noch einmal wieder fragen,
Wie jung ich sei, was ich des Abends tu.
Und später dann im kaum gebornen Du
Mir jene tausend Worte Liebe sagen.

Ich würde mich so gerne wieder sehnen,
Dich lange ansehn stumm und so verliebt.
Und wieder weinen, wenn du mich betrübt,
Die viel zu oft geweinten dummen Tränen.

Das alles ist vorbei. Es ist zum Lachen!
Bist du ein andrer, oder liegts an mir?
Vielleicht kann keiner von uns zwein dafür.
Man glaubt oft nicht, was ein paar Jahre machen.

Ich möchte wieder deine Briefe lesen,
Die Worte, die man liebend nur versteht.
Jedoch mir scheint, heut ist es schon zu spät.
Wie unbarmherzig ist das Wort: gewesen!

Komplexität von Beziehungen ist ein unerschöpfliches Thema. Sie treibt uns ein Leben lang um, wir können sie ständig neu ausleuchten. Dabei laufen wir Gefahr, uns in Worten zu verlieren und alles zu zerreden. Knappheit hält die
Konturen scharf. Doch dafür muss jedes Wort sitzen. Ein
meisterliches Beispiel dafür liefert Thomas Brasch in wenigen Zeilen:

LIEB HABEN KONNTEN SIE
EINANDER NICHT (1999)

doch haben wollten sie einander noch
und sehn wer wann und wie am anderen zuerst zerbricht
weil sich das eine wohl zu tief im anderen verkroch

Die Beschreibung einer toxischen Beziehung, die aneinander zerbricht, die den ganzen Wahnsinn des »Nicht-von-einander-Loskommens« auf den Punkt bringt. Nichts fehlt, jeder hat sofort seine eigenen Bilder dazu im Kopf. Es braucht keine Vor- und Nachgeschichte, alles ist gesagt. Drei Verse genügen Brasch, das auszudrücken.

Über die Liebe nachzudenken und zu sprechen fällt uns leicht, wenn wir nicht selbst betroffen sind. Zu den Beziehungen der anderen fallen uns viele schlaue Sachen ein, unser Blick ist klar, und wir meinen zu erkennen, wo die Probleme und wo die Stärken liegen. Wenn es aber um unsere eigenen Erfahrungen geht, bleibt von der Weisheit meist nicht mehr viel übrig, und wir sind unseren Gefühlen hilflos ausgeliefert. Ob Glück oder Schmerz, wir fallen von einem Zustand in den anderen und können uns kaum dagegen wehren. Dabei ist es tröstlich zu wissen, dass es der Menschheit schon immer so ergangen ist und immer so ergehen wird. Heinrich Heine schrieb vor zweihundert Jahren dazu im »Buch der Lieder«:

SIE HABEN MICH GEQUÄLET
(1823)

Sie haben mich gequälet,
Geärgert blau und blaß,
Die Einen mit ihrer Liebe,
Die Andern mit ihrem Haß.

Sie haben das Brot mir vergiftet,
Sie gossen mir Gift ins Glas,
Die Einen mit ihrer Liebe,
Die Andern mit ihrem Haß.

Doch sie, die mich am meisten
Gequält, geärgert, betrübt,
Die hat mich nie gehasset,
Und hat mich nie geliebt.

Kaum etwas schien für Heine in der Liebe unerträglicher gewesen zu sein als Gleichgültigkeit. Nichtbeachtung als Höchststrafe. Wer kennt dieses Empfinden nicht? Wie leicht tun wir uns mit vergangenen Beziehungen, die wir selbst beendet haben, und wie lange quält uns eine Zurückweisung, hinterlässt bei uns Narben, die nie ganz verheilen. Unsere Eitelkeit lässt uns immer an die schmerzvollen Momente denken, an die Situationen, in denen wir nicht bekommen haben, was wir ersehnten.

Auch beim Texten erscheint es mir leichter, die dunklen Seiten auszudrücken, das Ungelöste, die Niederlage. Jedoch ein schlichtes, zuversichtliches Liebeslied zu schreiben, offen und ehrlich und dabei ohne Kitsch – das ist die große Herausforderung. Letztlich geht es ja darum, andere Menschen zu berühren, ihnen aus der Seele zu sprechen und trotzdem bei sich zu bleiben. Das eigene Empfinden in eigenen Worten so auszudrücken, dass andere sich darin wiedererkennen. Ein glückliches Liebeslied ist uns Hosen dabei noch nicht gelungen, aber wir werden es weiter probieren und waren manchmal vielleicht schon recht nah dran.

AUFLÖSEN (2008)

Wenn du zur Nacht kommst
Und alles um uns still wird
Und du nur noch Atem für mich bist
Weiß ich, dass uns nichts passieren kann
In diesem Moment

Ich habe nichts zu fragen
Ich habe nichts zu sein
Wenn ich in deiner Tiefe versunken bin
Als ob von mir nichts übrig bleibt
So fühle ich mich

Wenn wir uns jetzt auflösen
Sind wir mehr als wir jemals waren
So wollen wir uns bleiben
Nach diesem Tag

Wenn du bei Tag bleibst
Und du mir nichts versprichst
Vergrabe ich mein Herz in dir
Und es kann alles passieren
In diesem Moment

Gib mir alle Namen
Gib mir alle Zeit
Solang wir sind, kehren wir nie zurück
Vom Augenblick zur Ewigkeit
Ist's nur ein Stück

Wenn wir uns jetzt auflösen
Sind wir mehr als wir jemals waren
So wollen wir uns bleiben
Nach diesem Tag

Bei diesem Stück ging es uns um die Doppeldeutigkeit,
dass offenbleibt, was mit »Auflösen« gemeint ist. Geht es
um einen gegenwärtigen Zustand, den man nur in Zwei-
samkeit erreichen kann, um eine Trennung oder gar um
Doppelsuizid? Die Strophen als reine Liebeserklärung, die

einen sich noch mehr darüber wundern lässt, warum das Paar am Ende seines Weges ist. Im Grunde geht es gar nicht um das Warum, es reicht die Information, dass zwei Menschen ein Einsehen haben und dabei miteinander im Einklang sind. Das Abstrakte erlaubt in diesem Fall erst eine Tiefe.

Genauso intensiv und ausführlich, wie die Liebe seit Jahrhunderten verhandelt wird, beschäftigt die Menschheit sich mit der Frage nach dem Sinn des Lebens. Natürlich drehen wir uns hier im Kreis, kommen nicht wirklich weiter. Aber auch das ist, bei aller Veränderung im Leben, eine ermutigende Erkenntnis. Entscheidend ist nicht, was uns im Leben widerfährt, sondern wie wir auf die Dinge schauen. Es gibt hierzu herrliche Verse von Thomas Brasch:

DER SCHÖNE 27. SEPTEMBER (1980)

Ich habe keine Zeitung gelesen.
Ich habe keiner Frau nachgesehn.
Ich habe den Briefkasten nicht geöffnet.
Ich habe keinem einen Guten Tag gewünscht.
Ich habe nicht in den Spiegel gesehn.
Ich habe mit keinem über alte Zeiten gesprochen und
mit keinem über neue Zeiten.
Ich habe nicht über mich nachgedacht.
Ich habe keine Zeile geschrieben.
Ich habe keinen Stein ins Rollen gebracht.

Ich gehe davon aus, dass Brasch das Gedicht am 28. September geschrieben hat. Es ist jedenfalls sensationell. Eine Absage an unser allgegenwärtiges Credo, dass man einen Tag nur dann als gelungen oder befriedigend ansehen sollte, wenn man irgendwie produktiv war, sich verdient gemacht hat. Und wenn man schon nichts tut, dann wenigstens hoch konzentriert, bewusst und nicht irgendwie gleichgültig. Aber welcher Charakter schadet der Menschheit mehr, der Aktive oder der, der gar nichts tut? Woher kommt dieses Getriebene, das in uns wühlt und dem wir uns nicht entziehen können? Ist es die Flucht vor der Leere unserer Existenz, der wir uns nicht stellen wollen? Täglich könnten wir neu auf diese Fragen antworten und laufen doch nur hinterher, spürend, dass wir wieder falschliegen. Bertolt Brecht beschreibt diese Empfindung kurz und knapp, und trifft es damit so gut wie kein anderer:

DER RADWECHSEL (1953)

Ich sitze am Straßenhang.
Der Fahrer wechselt das Rad.
Ich bin nicht gern, wo ich herkomme.
Ich bin nicht gern, wo ich hinfahre.
Warum sehe ich den Radwechsel
Mit Ungeduld?

Beim Lesen dieser Zeilen fühle ich mich ertappt, wie ein Kartenspieler, der mit gezinktem Blatt erwischt wird. Hinterfrage ich zu selten, was ich tue? Ein Hamster im Laufrad, auch wenn man sich früher geschworen hatte, es nie so weit kommen zu lassen?

Ich bin lange an Bertolt Brecht vorbeigelaufen, habe ihn erst spät für mich entdeckt. Es war derselbe Reflex bei mir, wie mit den Beatles: Musiklehrer Hermann wollte voller Begeisterung in der 5. Klasse »Let It Be« analysieren und kam sich dabei sehr modern vor, ich aber wollte meine Lieblingsmusik auf keinen Fall mit einem Lehrer teilen. Deshalb standen die Beatles für mich von diesem Tag an für mehrere Jahre nicht mehr zur Debatte. Nun also Bertolt Brecht in der neunten Klasse. *Der gute Mensch von Sezuan.* Deutschlehrer Herr Mais wusste, wie man einen Unterrichtsstoff verleidet. Eine »Drei plus« in der Klassenarbeit und die jahrelange Verbannung Brechts in die Kategorie »langweilig« waren die Folge. So hat es geraume Zeit gedauert, bis ich den wunderbaren Sprachschatz Brechts für mich entdeckte. Ich begegnete dem *Baal* und *Mutter Courage,* und dass die Doors den Alabama-Song gecovert hatten, ließ mich erst recht aufmerksam werden.

Doch erst das Schicksal in Form eines Anrufs von Klaus Maria Brandauer ermöglichte mir den richtigen Zugang zu Brecht und insbesondere seiner *Dreigroschenoper.* 2005 klingelte also bei mir das Telefon: »Mein lieber Campino, ich würde Sie gerne bitten, sich einmal mit mir zu treffen, es geht um die *Dreigroschenoper,* vielleicht können Sie etwas für mich tun.« Er ließ mir vorab eine Ausgabe des Stücks zukommen, und wir verabredeten uns für ein Gespräch in Wien. Ich wusste immer noch nicht genau, was er von mir wollte, konnte mir aber vorstellen, dass wir Tote Hosen ein Lied für ihn bearbeiten sollten, vielleicht den Haifisch-Song. Zwei Wochen später stand ich an einem schönen Nachmittag vor seiner Tür, und als er mir öffnete, rief er: »Das ist mein Mackie Messer! Komm rein, mein Lieber.« Wir tranken eine Tasse Tee, redeten über dies und jenes, und nach einer Viertelstunde meinte er: »Das wird mir jetzt zu blöd mit dem Tee«, und stellte eine Flasche Wein auf den Tisch. Von da an nahm der Nachmittag seinen Lauf, wir machten es uns gemütlich, und er las mir aus der *Dreigroschenoper* vor, was wirklich ergreifend war. Schließlich kam er zu seinem eigentlichen Anliegen: »Ich inszeniere nächstes Jahr die *Dreigroschenoper* in Berlin, und ich möchte, dass du den Mackie Messer spielst.« Sein Angebot hat mich umgehauen.

Ich hatte, abgesehen von unserer Zeit mit *Clockwork Orange,* dem Bühnenstück nach dem Roman von Anthony Burgess, das wir 1988 in Bonn aufgeführt hatten, keine Erfahrung als Theaterschauspieler. Mir war aber von der ersten Sekunde an klar, dass ich dabei sein würde.

Klaus und ich haben dann in Berlin ein sehr intensives halbes Jahr miteinander verbracht. Wir wohnten Tür an Tür, frühstückten jeden Morgen zusammen und sprachen über Gott und die Welt. Es fühlte sich für mich fast wie eine Vater-Sohn-Beziehung an, was ich sehr genoss. Es war eine irre Zeit, für die ich heute noch dankbar bin.

Ich habe dieses circa 120 Seiten lange Suhrkamp-Büchlein mindestens hundertmal gelesen. Und es kam mir nie vor wie verschwendete Zeit, denn es war ja mein Job, mich mit der *Dreigroschenoper* auseinanderzusetzen.

Wir alle lesen Bücher meist nur einmal, wenn wir sie richtig gut finden vielleicht zwei- oder dreimal, wenn es unsere »Lebensbücher« sind maximal fünfmal, aber dass man noch nach dem siebzigsten Lesen denkt: »Verdammt, das ist mir vorher gar nicht aufgefallen«, das ist wahnsinnig. Und so konnte ich in dieser Berliner Zeit unglaublich viel über Worte und Sprache lernen und dass es unzählige Möglichkeiten gibt, Texte zu präsentieren und auszukleiden. Ich erinnere mich heute noch an die finalen Verse, mit denen wir Abend für Abend die Bühne des Admiralspalastes verlassen haben:

UND SO KOMMT ZUM GUTEN ENDE (1928)

Und so kommt zum guten Ende
Alles unter einen Hut
Ist das nötige Geld vorhanden
Ist das Ende meistens gut.

Daß er nur im Trüben fische
Hat der Hinz den Kunz bedroht.
Doch zum Schluß vereint am Tische
Essen sie des Armen Brot.

Denn die einen sind im Dunkeln
Und die andern sind im Licht.
Und man siehet die im Lichte
Die im Dunkeln sieht man nicht.

Die *Dreigroschenoper* bietet reihenweise solche Zeilen, die immer auch einen moralischen Anspruch haben, die Gesellschaft zum Besseren zu verändern. Brecht war ein Meister darin und prägte den Begriff Episches Theater. »Erst kommt das Fressen, dann kommt die Moral« – diese Anklage an die kapitalistische Gesellschaft findet sich bei Brecht in verschiedenster Form immer wieder.

Auch Heinrich Heine haderte bereits achtzig Jahre vor Brecht mit den Ungerechtigkeiten des Lebens und damit, dass die Moral meist vom Sieger definiert wird:

LASS DIE HEIL'GEN PARABOLEN (1854)

Laß die heil'gen Parabolen,
Laß die frommen Hypothesen –
Suche die verdammten Fragen
Ohne Umschweif uns zu lösen.

Warum schleppt sich blutend, elend,
Unter Kreuzlast der Gerechte,
Während glücklich als ein Sieger
Trabt auf hohem Roß der Schlechte?

Woran liegt die Schuld? Ist etwa
Unser Herr nicht ganz allmächtig?
Oder treibt er selbst den Unfug?
Ach, das wäre niederträchtig.

Also fragen wir beständig,
Bis man uns mit einer Handvoll
Erde endlich stopft die Mäuler –
Aber ist das eine Antwort?

Gott hat der Menschheit auf diese Fragen keine Antwort gegeben, und sie wird sich mit ihnen immer quälen müssen.
Bei allem Sarkasmus, der in den Zeilen steckt, stellt sich
die Frage, ob Heine selbst überhaupt an Gott geglaubt hat.
Immerhin spricht noch jede Menge Wut aus diesen Zeilen,
und Heine will sich mit dieser Unerträglichkeit nicht ab-
finden.

Fünfzig Jahre später schrieb Hermann Hesse ein Gedicht, in dem sich der Blick auf das Leben noch viel resig-
nierter zeigt als bei Heine. Von Gott ist da schon lange nicht
mehr die Rede. Tiefe Melancholie zieht sich durch die Zeilen, und trotzdem wohnt ihnen eine Schönheit inne, die
sprachlos macht. 2012 vertonten wir es mit den Toten Hosen. Im Gegensatz zu unseren Heine-Versuchen gelang es
uns hier, ein musikalisches Gewand für den Text zu finden;
eine düstere Melodie, getragen von Klavier und Schlagzeug,
die eins zu eins versucht, die Stimmung der Worte als Klang
wiederzugeben.

IM NEBEL (1905)

Seltsam, im Nebel zu wandern!
Einsam ist jeder Busch und Stein,
Kein Baum sieht den andern,
Jeder ist allein.

Voll von Freunden war mir die Welt,
Als noch mein Leben licht war;
Nun, da der Nebel fällt,
Ist keiner mehr sichtbar.

Wahrlich, keiner ist weise,
Der nicht das Dunkel kennt,
Das unentrinnbar und leise
Von allen ihn trennt.

Seltsam, im Nebel zu wandern!
Leben ist Einsamsein.
Kein Mensch kennt den andern,
Jeder ist allein.

Wenn Sie jetzt noch dabei sind, haben Sie vielleicht einen Eindruck davon, wie ich zum Songschreiber geworden bin. Welche Einflüsse mir bewusst oder unbewusst Inspiration waren oder mir auch nur Mut eingeflößt haben; die mich haben weitermachen lassen, immer aufs Neue den Spaß, aber auch den Kampf mit den Texten zu suchen. Ungefähr 768 Lieder sind in rund 45 Jahren dabei herausgekommen, stehen irgendwo in der Welt, und ja, ich fühle mich auf den ersten Blick wohl damit, sie als Gebrauchslyrik zu bezeichnen.

Ist Gebrauchslyrik aber am Ende ein Widerspruch in sich? Ist nicht die Bedingung guter Kunst, dass sie sinnlos bleibt, keinen Zweck erfüllt? Und jeder Versuch, sie sich nutzbar zu machen, zum Scheitern verurteilt? Vielleicht muss man es nicht so eng sehen, womöglich wären das überflüssige Überlegungen – wenn Texte, Äußerungen und Sprechakte nicht plötzlich in einem völlig neuen Umfeld stünden?

Heinrich Heine, Erich Kästner, Thomas Brasch werden, wie die meisten anderen der hier erwähnten Autoren, mich eingeschlossen, nicht geahnt haben, dass irgendwann im Jahr 1989 der britische Informatiker Tim Berners-Lee ein Computernetzwerk erfinden und es World Wide Web nennen würde. Mit seiner Erfindung – also in den Grundzügen dem Internet, wie wir es heute kennen – hat er all unseren Texten, Gedichten und Liedern zu neuem, raketenhaftem Antrieb verholfen und sie in jeden Winkel der Welt geschossen. Wo dann jeder Text, jedes Gedicht, jedes Lied und jede dumme Äußerung Reaktionen auslösen können, die auch unsere alte analoge Welt erschüttern.

Seitdem ist es ein neues Spiel. Alles ist anders. Plötzlich reden immer alle mit. Was stimmt noch, was nicht? Wahrheit wird immer schwieriger zu ermitteln. Algorithmen manipulieren die Geschmäcker des Publikums, Sinn wird durch die Eliminierung von Kontext entstellt. Was das bedeutet, darum soll es in der zweiten Vorlesung gehen.

Alle haben was zu sagen.
Die Kakophonie unserer Zeit

Heinrich-Heine-Universität Düsseldorf
Zweite Vorlesung, 23. April 2024, Hörsaal 3 A

Kakophonie bedeutet Missklang. Viele Geräusche, die nicht aufeinander abgestimmt sind. Es ist das, was wir hören, wenn wir ins Konzert gehen und die Musiker des Orchesters sich in verschiedenen Tonlagen und Tempi warmspielen. Im Gegensatz zur Euphonie, dem Wohlklang, beschreibt eine Kakophonie Dissonanz und Chaos.

So könnte man auch den Krach des Internets bezeichnen. Schnell rausgehauene Meinungen, laute Headlines, skandalträchtige Bilder, manipulative Berichterstattung. Das Ergebnis sind Fake News und die Verwischung von Tatsachen. Die Kommentarspalten der sozialen Medien haben noch mal eine eigene Dynamik mit ihren Behauptungen und Provokationen. Wer sich am schnellsten und lautesten äußert, liegt vorn. Die Versuchung ist groß, dem Reflex nachzugeben und zu glauben, was die Mehrheit sagt, das wird schon stimmen. Wir Hosen haben über dieses Phänomen ein Lied geschrieben, das auf unserem jüngsten Album erschienen ist.

ALLE SAGEN DAS (2022)

Die Hosen sind kein Punkrock mehr – Alle sagen das
Die Grünen wollen den Linksverkehr – Alle sagen das
Nur Faschos bei der Bundeswehr – Alle sagen das
Jeder Arsch wird heute Millionär – Alle sagen das

Die Rente wird bald abgeschafft – Alle sagen das
Reichsbürger in der Nachbarschaft – Alle sagen das
Chinesen sind schon auf dem Mars – Alle sagen das
Nur noch Scheiße in den Charts – Alle sagen das

Ein Hoch auf die Gerüchteküche
Wer beweist dir, dass ich lüge?

Alle, alle, alle sagen das
Ist für die ganz normal
Doch was alle, was alle, was alle sagen, das
Ist uns scheißegal

Keiner glaubt hier mehr an Gott – Alle sagen das
Nur Arbeitslose, da im Pott – Alle sagen das
Tuchel wär gern Jürgen Klopp – Alle sagen das
Ich bin zu gut für meinen Job – Alle sagen das

Ein Hoch auf die Gerüchteküche
Wer beweist dir, dass ich lüge?

Keine Rocker mehr bei Rock am Ring – Alle sagen das
Das halbe Land ist ungeimpft – Alle sagen das
Jeder Schäferhund beißt mal ein Kind – Alle sagen das
Und dass die Ärzte uns're Feinde sind – Alle sagen das

Alle, alle, alle sagen das …

Es geht hier um Behauptungen, die in den Raum gestellt
werden und sich nicht durch Wahrheit legitimieren, sondern lediglich dadurch, dass viele Menschen diese Behauptungen übernehmen und verbreiten. Letztlich sind wir alle,
ob wir wollen oder nicht, Teil dieser Art Meinungsma-

che, und ich selbst gehöre wahrlich nicht zu den leisesten Vertretern. Meine Gedanken zu dieser Kakophonie sind durchsetzt von Ambivalenz, von vielen Sowohl-als-auch-Erklärungen und dem Abwägen von Chance und Gefahr. Das Internet ist ein Werkzeug, und was wir daraus machen, das kommt auf uns selbst an.

Ich möchte nicht so tun, als könnte ich für die damit verbundenen Probleme Lösungen anbieten, aber vielleicht gelingt es mir, ein paar Gedanken anzustoßen und Aspekte zu beleuchten, die relevant und interessant sind. Das Thema ist so weit gefasst, dass ich es in Kapitel gegliedert habe, um mich nicht völlig zu verlaufen.

1 Gegenwind

Eigentlich hatte ich mir meine Gastprofessur an der Heinrich-Heine-Universität etwas anders vorgestellt. Ich dachte, ich komme da hin, ein paar Studierende sitzen im Hörsaal, ziehen sich das rein, nehmen eventuell eine Erkenntnis mit nach Hause oder auch nicht. So in etwa. Ich war dann sehr überrascht und fast überfordert von dem medialen Echo der ersten Vorlesung. Ich musste feststellen, dass ich nicht in der Funktion eines Lehrenden oder etwa eines Professors wahrgenommen wurde, sondern selbst die Figur war, die hier getestet und geprüft wurde. Eine falsche Bemerkung, ein falscher Satz, und man würde mir die ganze Sache um die Ohren hauen.

Ich will ein Beispiel nennen: Nach der ersten Vorlesung konnte das Publikum Fragen stellen. Eine davon lautete, wie ich denn zum Generationenkonflikt stehen würde; zum Konflikt zwischen Jung und Alt, den ja auch Politiker ansprächen und anheizten, besonders in Hinblick auf den

Klimawandel. Ich antwortete: »Ich kann diesen Konflikt so eigentlich überhaupt nicht sehen, er kommt mir herbei-geredet vor. Letztendlich gibt es dumme und nicht ganz so dumme Argumentationen, und es spielt im Ergebnis keine Rolle, ob die von jungen oder alten Menschen stammen. Unsere Aufgabe ist klar – wir müssen alle zusammen gegen die Dummheit kämpfen, da wird jede Stimme gebraucht, das ist die eigentliche Herausforderung.«

Am darauffolgenden Tag war in den Sozialen Medien, unter anderen auf den Accounts von NDR und SWR, eine Kachel mit einem Foto von mir zu sehen, darunter stand: »Sänger Campino in seiner Vorlesung als Gastdozent: ›Wir stehen vor einer großen Aufgabe – wir alle gegen die Dummheit, da wird jede Stimme gebraucht.‹«

So weit, so gut. Das Zitat wurde aus seinem Zusammen-hang geholt und stand jetzt erst mal ohne jeden Kontext da, aber ich fand, das war ein ordentliches Statement, damit konnte ich leben. Dann habe ich allerdings in die Kommen-tarspalten geguckt – und dort wurde es interessant. Mein Name scheint, das weiß ich nicht erst seit gestern, bei eini-gen Menschen sofort den Reflex für einen Hasskommentar auszulösen, ganz egal, was eigentlich verhandelt wird.

Der erste Beitrag, der mir ins Auge fiel:

»Campino, ein Systemkasper, der ca. 25 Prozent der Be-völkerung diffamiert und ihnen das Recht an demokrati-scher Teilhabe abspricht.«

Das finde ich insofern bemerkenswert, als dass ich über-haupt nicht geäußert hatte, wen ich eigentlich mit »dumm« gemeint habe, aber die erwähnten 25 Prozent, das ist unge-fähr das, was die AfD bei den letzten Wahlen im Schnitt hatte, und da wird sich wohl jemand angesprochen gefühlt haben.

Der nächste Kommentar:

»Was bildet sich dieser Salonkommunist ein, das Volk belehren zu müssen. Ein Leben lang den Anarchisten spielen, getarnt als Punk, aber immer schön Rückhalt von Papa gehabt. Immer schön gegen das Establishment gekämpft, aber der Erste, der den Smoking angezogen hat, als König Charles nach Deutschland kam.«

Hier musste ich lachen und an die Kommentare denken, die im Internet regelrecht explodiert waren, als ich von der Britischen Botschaft vor ein paar Monaten zu einem Empfang für King Charles in Berlin eingeladen war und dort, wie vorgeschrieben, im Smoking erschien. Ich wurde hundertfach verdammt und aus dem Land gejagt, als Pinguin verhöhnt und zum undankbaren Hochverräter erklärt.

Weitere Belobigungen aus dem Netz:

»Der linke Ex-Punker heute nur noch geimpfte Systemtrompete«, »Der Regierungsbarde«, »Systemling«, »Steuerflüchtiger Staatspunker«, »Das System-Zäpfchen«, »Der Champagner-Sozialist«.

Auch gut: »Sein Gehirn verstopft eine staatliche Bratwurst, da gibt es wohl keine Hoffnung mehr«, »Ist das deine eigene Meinung, oder plapperst du nur die Tagesschau nach?«. Ein anderer: »Er ist halt ein kleingeistiger Büttel der Oberen, man kann nur empfehlen, seinen Auftritten fernzubleiben.«

»Ist das der Campino, der früher der größte Punk war und heute am liebsten im Stechschritt in den Krieg ziehen will?«

»Seine Mutter mochte ihn nicht, weil sie früh erkannte, dass aus ihm ein Arschloch wird.«

»Saufliederkomponisten und humorlose Luxuspunks werden zu Professoren. Dieses Land verblödet im Sekundentakt.«

»Vom Punk zum Multimillionär und dann zum Hofnarren der Diktatur. Toller Werdegang.«

»Werden Gratiskonzerte gegen rechts nun an Unis veranstaltet? Oder was hat diese hirntote Hose da verloren?«

»Ich glaube kaum, dass ein Linksradikaler wie Campino an einer ehrlichen Information interessiert ist. Er glaubt auch nur an die Nachricht, die er hören will und die er für politisch akzeptabel hält. Die Spaltung der Gesellschaft ist gewollt und scheint zu funktionieren«, »Engstirniger Spalter. Von Systempunks lass ich mir nichts sagen.«

Und so weiter. Ich will keine große Sache daraus machen, es ist nur ein harmloses Beispiel dafür, was passiert, wenn Sätze ohne ihren Kontext ins Netz gestellt werden. So etwas kann aber auch der Anfang eines richtigen Shitstorms werden, wenn Hasskommentare eine Eigendynamik entwickeln und meinungsbildend werden. Viele glauben, dass Menschen, die in der Öffentlichkeit stehen, solche Momente nun mal über sich ergehen lassen müssen, wahrscheinlich ist das auch so. Aber nur, wer selbst einmal einer solchen Situation ausgesetzt war, kann nachempfinden, welch negative Kraft sich dadurch aufbauen kann, ähnlich wie früher durch anonyme Telefonanrufe. Und obwohl unbeteiligte Kommentarleser eigentlich wissen könnten, dass hier nicht der Querschnitt aller Meinungen abgebildet wird, lassen sie sich von der negativen Energie beeindrucken. Das ist unschön genug. Bedrohlich wird es, wenn Medien diesen verquasten Lärm als quasi Fakten aus dem Netz fischen, um daraus wiederum Geschichten zu bauen und auf gute Klickzahlen zu hoffen. Mir scheint, es gibt eine besorgniserregende Tendenz, dass sich zunehmend auch seriöse Medien an diesen Kommentarspalten bedienen, um daraus sensationslüsterne Meldungen und Artikel zusammenzuschrauben. Ich erfinde ein völlig freies Beispiel:

Herbert Grönemeyer kündigt eine neue Tournee an. Die Tickets werden zwei Euro mehr kosten als beim letzten Mal. In den Kommentarspalten unter der Ankündigung stehen hundert Bemerkungen. Die Mehrheit der Fans freut sich euphorisch auf die Konzerte, die Preiserhöhung ist kein

Thema. Daumen hoch, Herzchen, Zwinkersmiley. Doch es gibt auch einige Einlassungen von Leuten, die erbost sind, nehmen wir einmal an, fünfzehn. Eine Person schreibt: »Eine Sauerei! Jetzt noch zwei Euro mehr für diesen Schrott. Ich geh' da nie wieder hin«, eine andere vielleicht: »Früher war er noch cool, heute ist er unerträglich – wer will meine CDs von ihm zum kleinen Preis kaufen?« Am nächsten Tag steht im *Badischen Boten*: »Preiserhöhung bei Grönemeyer, Fans sind entsetzt!« Die Meldung zitiert lediglich eine gewisse Zahl von Unzufriedenen und Empörten: »Matthias R. aus Ingolstadt sagt: *Jetzt reicht's! Ich lasse mir mein Grönemeyer-Tattoo weglasern!*« Hier spätestens wird die »Berichterstattung« manipulativ, und der Unsinn aus dem Netz bekommt eine gefährliche Qualität, denn es heißt nicht mehr »Hast du die Kommentare zu Grönemeyer unter seinem Post gelesen?«, sondern »Hast du gesehen, was über Grönemeyer in der Zeitung stand?«

Dieses Szenario soll nur das Schneeballprinzip verdeutlichen, wie rasant und unkontrolliert sich jeder Blödsinn verselbstständigen kann, wenn wir verantwortungslos damit umgehen. Die öffentlich-rechtlichen Medien und der seriöse Journalismus müssen der Versuchung widerstehen, sich solch zweifelhafter Quellen zu bedienen, selbst wenn die Aussicht auf hohe Quoten und Klickzahlen verlockend ist. Auch die Betreiber der Online-Plattformen dürfen sich nicht aus der Verantwortung stehlen und sollten sich verpflichten, viel konsequenter gegen Fake News und Hate Speech vorzugehen. Aber es ist ja nicht so, dass Beleidigungen, Falschmeldungen, Skandale und Rufmord erst seit der Erfindung des Internets in den Raum geschleudert werden. Das ist alles so alt wie die Menschheit selbst.

Die Toten Hosen haben jedenfalls schon seit ihrer Gründung 1982 einiges durchmachen dürfen. Zugegeben, wir hatten auch immer Spaß daran, ordentlich mitzumischen.

Wir haben uns für oder gegen etwas gestellt, haben uns an Demonstrationen und Protestaktionen beteiligt und sind dabei nicht immer höflich geblieben. Es ging gegen Atomkraft, Faschismus oder Ausländerhass, um die Entlassungen der Stahlarbeiter in Duisburg-Rheinhausen, besetzte Häuser in Berlin und anderswo. Als Reaktion gab es Telefonterror, Angriffe auf offener Straße, Bombendrohungen bei Konzerten.

Insofern fühle ich mich heutzutage nicht stärker bedroht, nur weil die anonymen Stimmen im Netz breiter wahrnehmbar sind. Ich empfinde keine Steigerung der Feindseligkeit. Es war schon immer seltsam, was einem widerfahren konnte, wenn man sich öffentlich geäußert und eingebracht hat. Ich kenne es nicht anders.

Letztlich ging es auch vielen unserer Vorbilder so, von The Clash und Billy Bragg bis hin zu The Jam und Tom Robinson. Sie alle hatten die Haltung: »It's more than music!« Es geht um mehr als Musik und weit über sie hinaus. Konfrontation und Ablehnung von Teilen der Gesellschaft gehören deshalb dazu. Genauso wie die Auseinandersetzung mit den eigenen Fans. Sie fühlen sich vielleicht von uns im Stich gelassen und verraten, glauben, wir seien zu sehr links oder zu sehr in der Mitte, zu kommerziell oder zu verschroben. Auf jeden Fall kein Punkrock mehr, was immer das heißen mag. Als Künstler oder Band darf man da nicht die Nerven verlieren. Mit ein bisschen Glück wird der Wind sich irgendwann auch wieder drehen. Darüber haben wir uns schon vor 25 Jahren Gedanken gemacht und klargestellt, was unsere Einstellung zu diesem Dilemma ist:

HELDEN UND DIEBE (1999)

Irgendwann in der frühen Steinzeit
Haben wir »Wir sind bereit« geschrien
Wir waren die Jungs von der Opel-Gang
Und unser Weg war noch das Ziel
»Verschwendet eure Zeit« und »Komm mit uns«
Auf diesen Schlachtruf waren wir stolz
Und keiner von uns hätte je geglaubt
Dass uns wirklich mal jemand folgt

Die selbsternannten Wahrheitsfinder
Die uns heute auf den Fersen sind
Suchen den Spion in uns
Die Ratte, die das Schiff verlässt
Zu viel Fernseh-Shows, zu viel Interviews
Viel zu oft verdächtig nett
Und sie fragen sich, ob das noch Punkrock ist
wenn Campino an der Uni spricht
        (diese Zeile variieren wir je nach Anlass)

Mal sind wir Helden und mal Diebe
Angeklagt wegen Hochverrat
An uns selbst und der Vergangenheit
Und dem, was wir mal waren

Auf welches Lied sollen wir euch die Treue schwören
Und dass wir noch immer die Alten sind?
Wie oft wollt ihr noch »Das Wort zum Sonntag« hören?
Wie lang wollt ihr noch zu uns stehen?
Wann kommt der Tag, an dem ihr ruft:
»Es reicht, wir haben genug
Wir möchten endlich andere Lieder
Und eure Zeit ist um?«

Mal sind wir Helden und mal Diebe
Je nachdem, wie der Wind sich dreht
Aus welcher Richtung er von morgen kommt
Fragen wir uns nicht

Wir sind Propheten, wir sind Lügner
Mal sind wir falsch und manchmal echt
Vergesst einfach den ganzen Dreck
Den man sich über uns erzählt

Wir sind Helden, wir sind Diebe
Angeklagt wegen Hochverrat
An einer Idee, die seit Jahren tot ist
Und die man längst beerdigt hat

Wir sind Helden, wir sind Diebe
Wir nehmen's so wie es grad kommt
Und wenn ihr an etwas glauben wollt
Glaubt an euch selbst und nicht an uns

2 Der Zwang zur Positionierung

Die Entscheidung, sich als Person des öffentlichen Lebens über das eigene Schaffen hinaus gesellschaftlich oder sogar politisch einzubringen, muss jeder für sich selbst treffen. Es ist unbedingt zu akzeptieren, wenn sich Sportlerinnen, Schauspieler oder Musikerinnen nicht über ihren Beruf hinaus äußern oder einsetzen möchten, obwohl sie über Reichweite, also eine hörbare Stimme verfügen. Die Gründe können vielfältig sein, alle sind sie legitim: Manche wollen von ihrer Arbeit nicht ablenken, andere fühlen sich überfordert, vielleicht besteht Angst vor einem Shitstorm, oder man möchte seine Einstellung schlicht privat halten. Wir, die Toten Hosen, haben es immer als Privileg empfunden, uns da einmischen zu können, wo wir es für nötig hielten. Es erschien uns oft als Pflicht und nicht als Vergnügen, unsere Stimme zu nutzen – bei Konzerten, Demonstrationen oder Fernsehauftritten, die Liste ist lang. Ich kann mir vorstellen, dass wir über die Jahre vielen Leuten damit auf die Nerven gegangen sind. Was aber von der Öffentlichkeit nicht wahrgenommen werden kann, sind all die Ereignisse und Situationen, zu denen wir angefragt und aufgefordert wurden, etwas zu tun oder uns zu äußern, bei denen wir uns nicht einmischen wollten oder konnten. Auch wenn wir oft das Bedürfnis haben, uns in den Kampf zu werfen, müssen wir einsehen, dass unsere Strahlkraft rasch nachlässt, je häufiger wir das tun. Die Glaubwürdigkeit leidet, wenn man sich scheinbar wahllos zu jedem Thema einbringt.

Der typische Angriff der Gegenseite lautet dann, man wolle sich nur profilieren und als »Gutmensch« inszenieren. Gleichzeitig wird ständig, auch angeheizt durch Social Media, aus den verschiedensten Lagern verlangt, dass man zu allen möglichen Dingen Stellung beziehen soll. Ich finde es besorgniserregend, dass eine Zurückhaltung, ein Schweigen, heutzutage sofort als Schwäche deklariert wird. Schweigen ist dann nur Silber, Reden ist Gold. Egal, was man in solchen Situationen macht: Man wird beschädigt, man bekommt meistens eine dreckige Weste.

Ein gutes Beispiel für dieses Dilemma ist ein Konflikt, der sich letztes Jahr bei Rock am Ring abgespielt hat. Die Toten Hosen waren dort lange als Headliner bestätigt, bevor das weitere Programm festgelegt wurde. Monate nach unserer Unterschrift wurde von den Veranstaltern die Band Pantera ebenfalls auf das Festival eingeladen. Deren Sänger Phil Anselmo hatte im Jahr 2016 betrunken auf einer Bühne irgendwo in Amerika den Hitlergruß gezeigt und rassistische Parolen gerufen. Er hat sich später mehrfach für sein Verhalten entschuldigt und beteuert, das entspräche nicht seiner Einstellung, aber die Zweifel an seiner Gesinnung konnte er damit nicht überall ausräumen. Da wir Pantera zwar als Metalband kannten, aber uns nie weiter für sie interessiert hatten, erfuhren wir davon erst, als die Geschichte in Zusammenhang mit dem Auftritt bei Rock am Ring wieder hochgespült wurde.

Viele Fans und Besucher vom Festival meldeten sich auf Social Media zu Wort, beschwerten sich und forderten den Ausschluss der Band: »Keine Nazi-Band bei RaR!« war die Parole. Die Veranstalter sollten die Band aus dem Line-up entfernen. Dass Pantera zur selben Zeit ohne öffentliche Aufregung bei Metallicas Welttournee im Vorprogramm spielten und auch auf vielen anderen europäischen Festivals gebucht waren, überzeugte die Kritiker nicht. Genauso wenig die Tatsache, dass sie vom selben Tourmanagement vertreten werden wie die dezidiert linke Band Rage Against The Machine.

Die Verantwortlichen hofften wohl, dass sich die Aufregung irgendwie legen würde, und reagierten erst mal nicht auf die Empörung. Irgendwann wurde im Netz der Ruf laut: »Warum sagen die Toten Hosen nichts dazu? Sie äußern sich doch sonst immer so gerne.« Wir verfolgten die Diskussion zu dem Thema aufmerksam, äußerten uns aber nicht, weil wir die Veranstalter in der Pflicht sahen, ihr Problem zu lösen. Schließlich hatten sie Pantera eingeladen. Wir fanden es nicht richtig, dass wir – oder irgendein anderer Musiker – für die Veranstalter in die Bresche springen und deren Job übernehmen sollten. Wir konnten nicht verstehen, warum die Zusammenstellung des Line-ups nicht besser geprüft und eine politisch fragwürdige Band wie Pantera so unbedacht gebucht wurde. Und wir erwarteten von den Verantwortlichen eine souveräne Entscheidung, die nicht auf Druck anderer Musiker zustande kommen sollte.

Dies äußerten wir auch in einem öffentlichen Posting. Daraufhin bekamen wir wirklich von allen Seiten Prügel – von Pantera-Fans, die uns Cancel Culture vorwarfen, aber auch von Pantera-Gegnern, die uns unterstellten, wir würden Pantera in Schutz nehmen, um unser eigenes Konzert nicht zu gefährden. Es gab einen Riesenärger, trotzdem fühlten wir, dass es richtig war, zunächst den Veranstalter im Hintergrund zur Rede zu stellen, wie es auch andere Künstler getan hatten: »Leute, wie seid ihr auf die Idee gekommen, so eine strittige Band für RaR zu verpflichten?! Was gedenkt ihr jetzt zu tun? Ihr müsst jetzt handeln, oder wir müssen als Band eine eigene Lösung für uns finden.« Weil die RaR-Leitung immer noch an Pantera festhielt, nahmen auf sämtlichen Social-Media-Kanälen die Kommentare an Schärfe und Menge weiter zu und wurden bald auch von den Zeitungen aufgegriffen.

Letztendlich mussten die Veranstalter nachgeben und die Band vom Festival ausschließen, was weiß Gott kein Triumph war, sondern eine längst überfällige Konsequenz. Wir haben daraufhin diese Entscheidung möglichst sachlich auf unseren Kanälen bekannt gegeben. Das Ergebnis: wieder ein Shitstorm. Die einen machten uns für den Ausschluss verantwortlich, die anderen warfen uns vor, wir hätten uns weggeduckt.

Der Vorfall zeigt, wie leicht es ist, aus dem Nichts in einen Konflikt zu geraten, mit dem man ursprünglich nichts zu tun hatte und für den man nicht verantwortlich ist.

Es ist oft so, dass vor allem in der Öffentlichkeit stehende Menschen durch ihre Präsenz im Netz und den allgegenwärtigen Druck, sich zu äußern, in Auseinandersetzungen reingezogen werden, in die sie nicht reingezogen werden wollen. Von denen sie sich überfordert fühlen. Uns Hosen geht es da nicht anders, aber bei uns ist es wahrscheinlich auch eine Folge davon, dass wir uns in den letzten vierzig Jahren immer wieder politisch geäußert haben, sowohl in unserer Musik als auch im gesellschaftlichen Leben. Vielleicht würde man das von einer Band, die in der Hinsicht noch nie aufgefallen ist, nicht verlangen. Der Anspruch wird also nicht ganz unverschuldet an uns herangetragen, und während er für andere vielleicht eine große Belastung wäre, können wir ganz gut damit leben. Es gibt ein Lied von den Toten Hosen, das zu diesem Dilemma passt. Es besteht aus einer schlichten Aneinanderreihung von Vorwürfen, die uns seit Jahrzehnten begleiten.

POP & POLITIK (2017)

Glaubt ihr wirklich, dass das gut ist,
    wenn ihr das so vermischt?
Eure naiven Gedanken zu Pop und Politik
Ihr solltet eure Fresse halten,
    wenn ihr nichts davon versteht
Was auf der Welt grad los ist, wie's wirklich hier aussieht

Wer will schon eure Lieder? Geht endlich aus dem Weg
Spart euch die Kommentare zu Pop und Politik
Die keiner hören will

Wollt ihr die Welt verändern mit eurer peinlichen Musik?
Ihr seid nur Zeitverschwender,
    niemand will euch mehr sehen

Wer will schon eure Lieder? ...

Wir sagen's euch im Guten, haltet euch lieber raus
An Tagen wie diesen, bleibt ihr besser mal zuhaus'

Wir spielen unsere Lieder, wir gehen nicht aus dem Weg
Mit unsern Kommentaren zu Pop und Politik
Die keiner hören will

3 Wandel des Sagbaren

Seitdem ich Texte schreibe, also seit Ende der Siebzigerjahre, hat sich vieles in unserer Gesellschaft verändert,
auch unser Denken und unsere Sprache haben sich gewan-
delt. Weitgehend akzeptierte oder zumindest tolerierte Begriffe, darunter viele, die noch aus der Kolonialzeit stammen, werden hinterfragt, kritisiert und gegebenenfalls er-
setzt. Der berühmte »Schokokuss« und der Streit um das
Wort »Indianer« zum Beispiel. Dumme Sprüche über Geschlecht, Hautfarbe und Herkunft werden nicht mehr belä-
chelt, sondern angeklagt. Es geht um Respekt. Das Recht
auf Selbstbestimmung, auch und vor allem in der Sexuali-
tät, ist stärker in den Vordergrund getreten und bestimmt
vielerorts die Diskussion. Wir erleben eine Verschiebung
von Tabugrenzen, die auch rückwirkend angewendet wird.
Natürlich ist die Kunst ebenso davon betroffen, vor allem
Film, Musik und Literatur. Pippi Langstrumpfs Vater ist
in den Neuausgaben des Buches ein Südseekönig, Patti
Smiths Hymne »Rock 'n' Roll N****r« kann nicht mehr
gestreamt werden. Wenn ich Texte schreibe, fließt dieses
Bewusstsein mit in die Arbeit ein.

Was ist noch sagbar? Diese rote Linie unterliegt ständiger Verschiebung, wird dauernd neu justiert. Die Sen-
sibilisierung gegenüber Begriffen, ihrer Herkunft und ihrer Geschichte nimmt zu. Absender und Adressat spielen
eine entscheidende Rolle. Also wer benutzt einen Begriff
aus welcher Position heraus? Da gibt es unterschiedliche

Rechte der Zuschreibung, es kommt auf den Kontext und die Person an. Manche dürfen Begriffe benutzen, andere nicht. Vorsichtig fragen wir: »Was darf man noch verwenden, was muss geändert werden?« Literatur, die Worte gebraucht, die nicht mehr in Ordnung sind, wird geändert oder mit einem erklärenden Vorwort versehen.

Es ist ein Fortschritt, Dinge zu hinterfragen, die wir vor Jahren achtlos dahergesagt haben. Aber es gibt in den letzten Jahrzehnten interessanterweise auch eine gegenläufige Entwicklung dazu, die zunehmende Verrohung von Sprache, das bewusste Übertreten von Tabus. Da werden »Schlampen geschlagen und gefickt«, Opfer getreten und gequält, und dicke Wummen und Rolex-Uhren auf den Tisch gelegt. Das sind nicht nur Hip-Hop-Klischees, das findet sich genauso in der Rockmusik. Die armselige Fantasie vom machohaften Outlaw-Leben, »wo Männer noch Männer sind«, ist auch in Zeiten von Political Correctness allgegenwärtig. Und irgendwo dazwischen schreit Ikke Hüftgold auf Mallorca »Dicke Titten, Kartoffelsalat« und »Heute sind wir wieder bumsbar, geile Mädels, geile Jungs da!« Ohne die Songs hier zu bewerten: Solche Lieder zu schreiben braucht ein gewisses Talent, das kann nicht jeder.

Ich muss zugeben, dass wir Hosen uns 1983 nicht viel intelligenter anhörten: »Ficken, Bumsen, Blasen, alles auf dem Rasen!« als Lied und als T-Shirt, das meine Mutter abgelehnt hat zu waschen. Wir wollten damals Schmuddelkinder sein, das Niveau so weit runterziehen wie niemand sonst und fanden das lustig. Das Unerhörte singen, ohne dabei rot zu werden. Vielleicht ist das auch heute bei vielen Texten die Motivation, aber ich empfinde sie inzwischen als irritierend. Anders als bei Ikke Hüftgold wurden unsere provokanten Lieder nicht millionenfach gekauft und abgefeiert, es war kein Mainstream, sondern Nischenmusik. Die Gesellschaft fährt in Gegensätzen Richtung Zukunft.

Außer »Hofgarten«, in dem die »Ficken, Bumsen, Blasen«-Zeile vorkommt, gibt es nur wenige Hosen-Songs von früher, die wir heute (fast) nicht mehr spielen würden, aus verschiedenen Gründen: etwa, weil sie von Anfang an leicht missglückt waren oder sich von selbst totliefen. Außerdem Stücke, bei denen wir uns mit der Zeit musikalisch nicht mehr wohlfühlten oder sie uns textlich nicht mehr relevant erschienen. Schließlich haben wir unsere Lieder Anfang der Achtziger aus der Perspektive von ein paar Zwanzigjährigen geschrieben, diese ist mit dem Blick eines heute über Sechzigjährigen in vielem nicht mehr zu vereinbaren. Bei Liedern wie »Verschwende deine Zeit« (1986) ist die Diskrepanz harmlos. Da heißt es:

Wir haben gerade nichts zu tun, so wie jeden Tag
Schon morgens läuft die Glotze
    und der erste Schnaps ist dran
Gegen Mittag sind wir dann so weit,
    keiner kann mehr steh'n
LSD reißt unsere Augen auf, wir können 1000 Farben seh'n
Irgendwo gehen wir schon hin, überall sind wir im Weg
Gucken, was der Tag uns bringt – was der Tag uns bringt
Komm mit uns, verschwende deine Zeit …

Mit solch einem Alltag haben wir heute gar nichts mehr zu tun, und es war auch schon damals ein wenig geflunkert. So ein Tagesablauf konnte vorkommen, war aber die Ausnahme. Das planlose »Rumhängen« und »Mistbauen« empfanden wir allerdings als erstrebenswert. Heute spielen wir das Lied mit einer inneren Distanz und einem Augenzwinkern, als Verweis auf unser Frühwerk. Ähnlich verhält es sich mit dem Stück »Testbild« von 1988, in dem es heißt:

Als ich wieder mal das Testbild seh,
    fällt die Bude mir auf den Kopf
Ich kämpfe mich durch meinen Müll,
    renn aus dem Haus wie schon so oft
Einen Haufen falscher Freunde,
    eine Arbeit, die mir nicht passt
Und ich frage mich seit heute,
    wie ich's so lang ausgehalten hab

Abgesehen davon, dass es im Fernsehen seit Jahrzehnten kein Testbild mehr nach Sendeschluss gibt, spiegelt auch der Rest des Liedes mein Leben schon lange nicht mehr wider. Es ist mir ein bisschen peinlich, aber ich bin bis heute auch noch nie einer ordentlichen Arbeit nachgegangen.

Über all das kann man mit einem Lächeln hinwegsehen, richtig problematisch ist für uns aber das Lied »Ülüsü«. Es stammt aus dem Jahr 1983, von unserem ersten Hosen-Album *Opel-Gang*. Damals, und manchmal heute noch, habe ich die Technik angewendet, mich beim Texten in ein Erzähler-Ich zu begeben, eine Rolle einzunehmen wie ein Schauspieler im Film. Das habe ich mir von Gerhard Polt abgeguckt, einem großen Idol von mir. Polt, ein bayerischer Kabarettist, schlüpft bei seinen Stücken gerne in die Rolle des Unsympathen, des spießigen Kleinbürgers oder kriminellen Chefs eines Bestattungsinstituts. Berühmt ist sein Stück *Mai Ling*, in dem er einen sexistischen und rassistischen Kleinbürger darstellt, der sich eine vietnamesische Ehefrau per Katalog bestellt hat und nun ganz enttäuscht ist, dass sie bei Ankunft zehn Zentimeter größer ist als gewünscht. Nun muss er das für sie bereits gekaufte Kinderbett umtauschen, weil es zu klein ist. Diese bitterböse Szene ist eine Abrechnung mit dem teilweise legalen Menschenhandel und den schlimmen Vorurteilen der westlichen Welt gegenüber asiatischen Frauen. Wie Polt die Figur des Widerlings spielt, lässt einem trotz aller Komik der Situation das Blut in den Adern gefrieren. Genau eine solche Intensität wollte ich erreichen, wenn ich in unseren Liedern in verschiedene Rollen schlüpfte. Ein besonders brutales Beispiel dafür ist ein Stück über einen perversen Voyeur:

HOT-CLIP-VIDEO-CLUB (1993)

Verzeihen Sie die Störung,
    ich bräuchte mal Ihren Rat
Ich such etwas ganz Bestimmtes,
    das nicht jeder Händler hat
Sperren Sie mal kurz den Laden zu,
    schauen Sie unter der Theke nach
Vielleicht gibt's ein spezielles Angebot
    nur für die Stammkundschaft
Ich steh auf Sado-Maso-Kindersex,
    auf ein bisschen Brutalität
Hauptsache, es ist nichts gespielt,
    sondern hundertprozentig echt
Eine richtige Vergewaltigung,
    ein wirklich begangener Mord
So was bringt mich schnell zum Höhepunkt,
    und ich fühl mich dabei gut
Denn ich spüre nur noch Leben in mir,
    wenn ein anderer seins gerade verliert
Willkommen im Hot-Clip-Video-Club,
    hier erfüllt man jeden Wunsch
Willkommen im Hot-Clip-Video-Club,
    oberstes Gebot ist Diskretion

Ich möchte aus der ersten Reihe
dem Tod fest in die Augen sehen
Ich krieg Gänsehaut bei Hilfeschreien,
die voller Überzeugung sind
Wenn's den Stoff für meine Träume gibt,
zahl ich jeden Preis für diesen Thrill
Ich bin ein Biedermann auf Horrortrip,
ich lebe nur für diesen einen Kick

Es gibt einige Titel dieser Art von uns, mal war das Lyrische Ich ein Heimkind, mal ein Brandstifter, mal ein Massenmörder. Selten wurden solche Texte falsch aufgefasst, und wenn, dann haben wir das in Kauf genommen. Aber bei dem Stück »Ülüsü« liegt der Fall anders. Auch wenn das Lied schon über vierzig Jahre alt ist, ist für uns jedes Missverständnis, das beim Hören entstehen könnte, immer noch schmerzlich. In dem Text habe ich die Rolle eines rückgratlosen Mitläufers eingenommen, eines Jugendlichen, der sich auf einer Party in ein Mädchen verknallt und schnell mit ihr im Bett landet. Als sie ihm ihren Namen sagt und er merkt, dass sie Türkin ist, bekommt er kalte Füße und verleugnet seine Gefühle aus Angst, dass seine Familie das Mädchen nicht akzeptieren würde. Die Musik spielt in mittlerem Tempo, für unsere Verhältnisse melodisch, und suggeriert so, alles wäre völlig harmlos und normal.

ÜLÜSÜ (1983)

Wir haben uns nur angesehen
Und sofort war es um uns geschehen
Es war auf der Party bei einem Freund
Wir sprachen kaum und waren doch vertraut
Wir waren sofort im Schlafzimmer

Und ich dachte »Liebe für immer«
Dann hab ich nach deinem Namen gefragt
Und du hast Ülüsü gesagt

Ülüsü war eine Türkin,
    wie konnte mir das bloß geschehen?
Ülüsü war eine Türkin,
    ich werde das niemals verstehen

Wir haben einen Treffpunkt gemacht
An der Pommesbude gegen halb acht
Ich bin nicht gekommen, denn du musst verstehen
Ich kann so nicht mit dir nach Hause gehen
Der Ruf der Familie steht auf dem Spiel
Und da hilft später kein Persil
Auf der Party ging's mir sowieso zu schnell
Du gehst bestimmt mit allen ins Bett
Ülüsü …

In den Sechziger- und Siebzigerjahren gab es eine Arbeits-
migration in die Bundesrepublik, die Deutschen warben
Menschen aus südeuropäischen Ländern an, um sie in der
Zeit des Wirtschaftswunders als sogenannte Gastarbeiter
zu beschäftigen. Als Arbeitskräfte waren sie hocherwünscht,
als Menschen im sozialen Umfeld aber abgelehnt. Dieses
Sentiment gab es in der Bevölkerung häufig. Ausländerfeindlichkeit. Die wollte ich in ihrer ganzen Brutalität beschreiben. Ich habe damals versucht, einen nicht so lehrer-
haften Zugang zu diesem Thema zu finden, sondern einen,
der einer Alltagssituation entspringt. Ich wäre nie auf die
Idee gekommen, dass man das Lyrische Ich mit mir ver-
wechseln könnte und den Zynismus des Liedes nicht begreift. Die Zeile »Da hilft später kein Persil« bezieht sich

auf den sogenannten »Persilschein«, den Deutsche in der Nachkriegszeit im Zuge der Entnazifizierung als entlastendes Zeugnis von den Alliierten bekommen konnten, um Bestrafungen zu entgehen. Im Falle von Ülüsü könne die Familie ihren Ruf nicht mehr reinwaschen. »Du gehst bestimmt mit allen ins Bett« als widerliches Vorurteil gegenüber ausländischen Frauen. Niemals hätte ich gedacht, dass man mir solche Gedanken ernsthaft unterstellen könnte. In der Punk-Szene hat damals jeder den Text genau so verstanden, wie er von uns gemeint war. Sicherlich auch, weil man uns aufgrund unserer Haltung und Lieder politisch genau einordnen konnte. Wir haben kürzlich versucht, dieses Lied noch einmal zu spielen, ich konnte es nicht mehr singen, die Zeilen blieben mir im Hals stecken.

Ich bin dann bei unserer Plattenfirma JKP in die Archive gegangen und habe die vierzig Jahre alten Plattenkritiken zu dem Album rausgesucht, um mich zu vergewissern, ob dieses Lied damals nicht doch irgendwo kritisch beurteilt worden ist. Aber das war nicht der Fall, Journalisten schrieben von genialer Ironie und dass wir »auf den Punkt getroffen« hätten. Das war im Jahr 1983. Mit dem Wissen von heute, über vier Jahrzehnte später, ist das Lied für mich nicht mehr tragbar. Im damaligen Kontext mag es richtig verstanden worden sein, aber es ist texthandwerklich zu schwach, um mit seiner Ironie jetzt noch bestehen zu können. Ausländerfeindlichkeit und Rechtsextremismus sind seitdem eskaliert, es gab zahllose brutale Übergriffe auf Menschen und ganze Wohnheime, die Morde von Solingen, der Brandanschlag von Mölln, die Morde des NSU, das Attentat in Hanau.

Schon vor all diesen Gräueltaten spitzte sich der Rassismus in der Bundesrepublik wieder langsam zu. Wir Hosen spürten solche Tendenzen Anfang der Achtzigerjahre in unserem Milieu vor allem im Zusammenhang mit der ursprünglich in England entstandenen Skinhead-Bewegung. Sie hatte sich zunehmend politisiert. Es gab ein paar links-orientierte Skins, die sich als Sharp (Skinheads Against Racial Prejudice) abgrenzten, und einige unpolitische Oi!-Skins, der größte Teil aber bestand aus rechtsextremen Nazi-Skins, die der Gesinnung der britischen NF (National Front) nacheiferten. Insgesamt eine Szene mit hoher Gewaltbereitschaft und Aggression. Die klar links denkenden Punks entwickelten sich zum natürlichen Feindbild der Nazi-Skins, und das war problematisch, weil beide Lager teilweise die gleichen Bands verehrten (Sham 69, Cockney Rejects, Cock Sparrer, Madness). Bei den Konzerten kam es zu Auseinandersetzungen und Schlägereien, und auch wir waren manchmal involviert, denn beide Fraktionen teilten sich in vielen Städten dieselben Clubs, Jugendzentren und Konzerthallen. Alleine deshalb entstand bei uns eine tiefe Solidarität mit allen Gruppierungen und Leidtragenden, die von diesen Schlägern angegriffen wurden. Es war ein stetiger Konflikt, und mit der deutschen Wiedervereinigung nahm er noch mal dramatisch zu.

Ein anderes Lied von uns gegen Fremdenhass geht die Sache deshalb klar und geradlinig an, es gibt keinen Interpretationsspielraum:

5 VOR 12 (1990)

Bei ihm hab ich mir immer mein Gemüse eingekauft.
Er ist so um die dreißig, hat ein Kind und eine Frau.
Wir verstehen uns ganz gut,
  tranken schon manches Bier zusammen,
in der Kneipe gegenüber,
  wenn wir uns dort mal sah'n.
Am Montag war sein Laden auf einmal nicht mehr auf,
Nachbarn sagen mir, er liegt im Krankenhaus.

Erdal kommt vom Schwarzen Meer,
doch er wohnt in dieser Stadt und zu Hause ist er hier.
Erdal – kannst Du mich hören?
Was auch immer hier passiert – ich halt zu Dir!

Er lief in ihre Arme, als er durch unsere Straße ging.
Sie sangen irgendwelche Parolen,
        ließen Erdal nicht weiterzieh'n.
Er versuchte sich noch zu wehr'n,
        sie warn zu fünft und er allein,
bevor es richtig losging, war es auch schon vorbei.

Wer glaubt hier noch, dass uns das alles nichts angeht?
Wann kommt die Wut, die all das Zögern von Euch nimmt?

Erdal – kannst Du mich hören?
Ich möchte Dir nur sagen, ich schäme mich dafür!
Erdal – kannst Du mich hören?
Was auch immer hier passiert – ich halt zu Dir!

Erdal kommt aus der Türkei
und wer hier gegen ihn ist, ist auch mein Feind!

Dass mir dieser Song einfiel, hatte nichts mit dem Fall der
Mauer zu tun, mit dem frisch wiedervereinigten Deutschland. Es war die Stimmung, die Ende der Achtzigerjahre
in der Bonner Republik herrschte, solche Angriffe sind
geschehen. »5 vor 12« war der Versuch, sich dem Thema
Ausländerhass auf eine persönliche Weise zu nähern. Weil
das Problem über die Jahre nicht kleiner wurde, schrieben wir immer wieder gegen Rechtsextremismus und Nazis an. Nach den Ausschreitungen von Rostock-Lichtenha-
gen verspotteten wir sie mit einem Lied und versuchten so,

ihre Dummheit bloßzustellen. Wir wollten ihnen ins Gesicht rufen: »Ihr seid jämmerliche Verlierer, und wir haben keine Angst vor euch!«

SASCHA, EIN AUFRECHTER DEUTSCHER (1992)

Der Sascha, der ist arbeitslos,
    was macht er ohne Arbeit bloß?
Er schneidet sich die Haare ab
    und pinkelt auf ein Judengrab
Zigeunerschnitzel, das schmeckt gut,
    auf Sinti hat er eine Wut
Er isst so gern Cevapcici,
    Kroaten mochte er noch nie

Der Sascha, der ist Deutscher
    und Deutschsein, das ist schwer
Und so deutsch wie der Sascha
    wird Abdul nimmermehr

Er kennt sogar das Alphabet,
    weiß, wo der Führerbunker steht
Nein, dieser Mann, das ist kein Depp,
    der Sascha ist ein deutscher REP
Er ist politisch informiert und weiß,
    dass jeder Fremde stört
Und auch sein treuer Schäferhund bellt
    jetzt nicht ohne Grund

Der Sascha, der ist Deutscher
    und Deutschsein, das ist schwer
Wer so deutsch wie der Sascha ist,
    der ist sonst gar nichts mehr

Jetzt lässt er die Sau erst raus
und geht zum Asylantenhaus
Dort schmeißt er eine Scheibe ein,
denn jeder N***r ist ein Schwein
Dann zündet er die Bude an,
ein jeder tut halt, was er kann
Beim Thema »deutsche Gründlichkeit«,
da weiß er voll Bescheid …

Vor gut fünfzig Jahren
hat's schon einer probiert
Die Sache ging daneben,
Sascha hat's nicht kapiert!

Die Musik dazu trampelt bierselig im Polka-Rhythmus daher, unterstreicht damit die Trottelhaftigkeit eines jungen Neonazis, der mangels Alternative nur sein Deutschsein zum Lebensinhalt hat und noch nicht mal einen deutschen Namen besitzt. Dass sein Lieblingsessen auch nicht gerade urdeutsch ist, scheint ihm ebenfalls noch nicht aufgefallen zu sein. Es gab viel Aufregung um die Veröffentlichung des Liedes, etliche Bombendrohungen, sobald wir irgendwo auftraten, und sogar unsere Eltern wurden mit anonymen Anrufen terrorisiert. Vor allem aber bekamen wir viel Zuspruch. Zahlreiche Tageszeitungen druckten den Text ganzseitig ab, die Single wurde sehr erfolgreich, und alle Einnahmen spendeten wir an den *Düsseldorfer Appell gegen Fremdenfeindlichkeit und Rassismus*. Die Republikaner, eine rechtsextreme Partei, die heute in der Bedeutungslosigkeit versunken ist, verklagten uns wegen Volksverhetzung, scheiterten damit aber grandios. Trotzdem frage ich mich heute manchmal, ob wir den Text nicht noch härter hätten formulieren müssen, angesichts dessen, dass vom Rechtsextremismus in Deutschland immer noch eine dauernde Gefahr ausgeht.

Ein weiteres Anti-Nazi-Lied von uns aus dieser Zeit hat sich besser gehalten, obwohl es nicht schärfer formuliert ist, aber dafür eine Klarheit besitzt, hinter der wir auch heute noch bedingungslos stehen können.

WILLKOMMEN IN DEUTSCHLAND (1993)

Dies ist das Land, in dem man nicht versteht,
dass FREMD kein Wort für FEINDLICH ist,
in dem Besucher nur geduldet sind,
wenn sie versprechen, dass sie bald wieder gehen.
Es ist auch mein Zuhaus, selbst wenn's ein Zufall ist
und irgendwann fällt es auch auf mich zurück,
wenn ein Mensch aus einem anderen Land
ohne Angst hier nicht mehr leben kann.
Weil täglich immer mehr passiert,
weil der Hass auf Fremde eskaliert
und keiner weiß, wie und wann
      man diesen Schwachsinn stoppen wird.

Es ist auch mein Land,
und ich kann nicht so tun,
      als ob es mich nichts angeht.
Es ist auch Dein Land,
und Du bist schuldig,
      wenn Du Deine Augen davor schließt.

Dies ist das Land, in dem so viele schweigen,
wenn Nazis auf die Straße gehen,
um der ganzen Welt und sich selbst zu beweisen,
dass die Deutschen wieder die Deutschen sind.
Diese Provokation, sie gilt mir und Dir,

denn auch Du und ich, wir kommen von hier.
Kein Ausländer, der uns dabei helfen kann,
dieses Problem geht nur uns allein was an.
Ich hab keine Lust, noch länger zuzusehn,
ich hab's satt, nur zu reden und rumzustehn,
vor diesem Feind werde ich mich nicht umdrehn.

Es ist auch mein Land,
und ich will nicht, dass ein viertes Reich draus wird.
Es ist auch Dein Land,
steh auf und hilf, dass blinder Hass es nicht zerstört.
Es ist auch mein Land,
und sein Ruf ist sowieso schon ruiniert.
Es ist auch Dein Land,
komm wir zeigen, es leben auch andere Menschen hier.

Die Musik ist relativ ruhig, weil der Text reflektierend und beobachtend wirkt, gradlinig, mit offenem Visier geschrieben. Für uns als Punkband war es ein großer Schritt, sich so klar zu Deutschland zu bekennen: »Es ist auch mein Land!« Alles Patriotische war uns eigentlich fremd, unser Gefühl zu unserem eigenen Land ambivalent.

Aber durch unsere vielen Tourneen ins Ausland wandelte sich der Blick auf die eigene Heimat. Vor allem seit wir ab 1991 häufig in Südamerika unterwegs waren. Wir spielten Konzerte in Argentinien, Chile und Brasilien und wurden auf den Pressekonferenzen nach den weltweit wahrgenommenen Angriffen auf Ausländer und Asylbewerberheime in Deutschland gefragt: »Was ist denn da bei euch los? Das ganze Land scheint zu brennen!?«, und ob wir wollten oder nicht – plötzlich waren wir zu Repräsentanten der Bundesrepublik Deutschland geworden und mussten uns erklären: »Die Menschen in unserer Heimat sind nicht alle so, die

Mehrheit tickt anders. Wir haben große Probleme, aber die Gesellschaft kämpft dagegen an.« So wurden wir zu Botschaftern unseres Landes, eigentlich das Letzte, was wir wollten. Wir begriffen, dass unser Verhalten eine andere Tragweite hatte, als wir dachten. Wenn wir – nur ein selbstverständlich fiktives Beispiel – in Brasilien einen Fernseher aus dem Hotelfenster warfen (ein Klischee, das wohl jede Rockband einmal durchgemacht haben muss), dann wird es nicht Andreas Frege mit seinen Kumpels aus Düsseldorf gewesen sein, sondern »diese deutsche Band, die hier gerade zu Gast ist und sich nicht benehmen kann«. So haben wir dazugelernt und erst in der Ferne ein anderes, entspannteres Verhältnis zu unserem Land bekommen.

4 Wahrheit und Lüge

Zur Zeit der Gründung der Toten Hosen gab es das Internet noch nicht als Massenmedium, und auch in den ersten zwanzig Jahren unseres Bestehens spielte es kaum eine Rolle. Wir sind ziemlich naiv und sorglos durchs Leben gezogen, haben uns frei gefühlt und dabei teilweise vielleicht wie Wildschweine benommen. Es gab keine Handykameras, so gut wie niemand hatte einen Fotoapparat dabei, keiner wäre auf die Idee gekommen, jeden Schritt von uns zu dokumentieren oder davon zu berichten. Und wenn wir dem *Rosenheimer Tagblatt* ein Interview gegeben haben, dann wussten wir, das bleibt in Bayern, konnten dort herrlich über Norddeutschland Witze machen und umgekehrt in Flensburg Sprüche über Bayern. Alles blieb da, wo es hingehören sollte.

Die Sorge, dass man heute keiner kleinen Zeitung mehr ein Interview geben kann, ohne zu riskieren, dass ein unbedachter, gepfefferter Spruch viral gehen könnte, gab es nicht. Es war ein völlig anderes Leben mit der Öffentlichkeit. Wenn wir in Argentinien spielten und dort mit einem Konzert eine Straßenschlacht ausgelöst hatten, hat es Tage gebraucht, bis die Meldung die deutschen Zeitungen erreichte. Zeit genug, mir eine gute Ausrede meinen Eltern gegenüber zu überlegen, warum das alles schiefgegangen war und wir nichts damit zu tun hatten.

Die relative Langsamkeit der Nachrichten, die es damals noch gab, war manchmal hilfreich, um Dinge zu verarbeiten, bevor sie von der ganzen Welt diskutiert wurden. Das Nachdenken über eine Antwort oder ein Problem war wertvoll, das vorhandene Zeitfenster konnte wie ein Filter wirken. Menschen, die vielleicht eine Fernsehsendung gesehen hatten, von der sie empört waren, schimpften: »Morgen schreibe ich den Knallköpfen vom Sender einen gepfefferten Brief!« Dann sind sie am nächsten Tag aufgewacht, grummelten »Was soll's?« und vergaßen die Angelegenheit. So ist eine Menge Blödsinn in den Köpfen geblieben und glücklicherweise gar nicht erst in die Welt gesetzt worden. Heute ist eine solche Impulsreaktion innerhalb von Sekunden umgesetzt.

Für die Printmedien waren es noch goldene Zeiten, ihre Relevanz war enorm, sie mussten keine digitale Konkurrenz fürchten. Die Welt war auf sie angewiesen. Auch Künstler und Bands wie wir waren davon abhängig, dass die Zeitungen über uns schrieben. Die Schallplattenindustrie betrieb einen ganz anderen Aufwand, damit unsere Alben irgendwie in den großen Medien besprochen wurden. Journalisten wurden zu Konzerten eingeladen, durften ganze Tourneen begleiten, und wenn es sein musste, flog man sie sogar aus anderen Kontinenten ein. Ihre Kritiken waren maßgeblich und konnten oft über Erfolg und Misserfolg entscheiden. Wenn heute zum Beispiel der *Spiegel* eine Taylor-Swift-

Geschichte machen möchte, bekommt er nicht nur kein Interview, sondern auch kein Ticket von der Plattenfirma, um aufs Konzert zu gehen. Es ist für die Künstlerin nicht mehr wichtig, ob der *Spiegel* eine Titelgeschichte über Taylor Swift macht oder nicht. Sie hat ihre eigenen Kanäle, mit denen sie ihre Millionen Fans einfacher erreicht.

Ähnlich verhält es sich mit Funk und Fernsehen, auch sie kämpfen um ihre Bedeutung. Kunst- und Kulturschaffende, Sportlerinnen und auch Politiker emanzipieren sich immer mehr von den Leitmedien. Sie unterhalten eigene Social-Media-Kanäle, können ihre Message oder Kunst auch anders promoten, viel gezielter die eigenen Fans erreichen. 1999 empfanden wir es noch als herben Schlag, als wir beim *Bayerischen Rundfunk* über Jahre auf den Index kamen, weil wir uns in einem Lied über den FC Bayern lustig gemacht hatten. Man konnte sehen, dass unsere Verkäufe im Verhältnis zum Rest der Republik dort einbrachen. Immerhin steht heute die Single im Museum des FC Bayern München, und die große Abhängigkeit von Presse, Funk und Fernsehen ist vorbei. Eine Abkopplung von den alten Verhältnissen, die also auch ihre Vorteile hat.

In der Politik gibt es eine ähnliche Entwicklung. Die klassischen Medien, »Legacy Media«, wie sie in den USA genannt werden, verfügen nicht mehr über ihren einstigen Einfluss und ihre alte Macht, weil sie bestimmte gegenläufige politische Spektren überhaupt nicht mehr erreichen. Das war der große Aha-Moment von Donald Trump, bevor er zum ersten Mal gewählt wurde: Es schien völlig egal, was seriöse Zeitungen wie die *New York Times* über ihn schrieben. Denn seine Unterstützer, seine Wähler, lesen die *New York Times* ja gar nicht mehr. Diese Entwicklung hat die klassischen Medien in die Position gebracht, in der sie heute sind und die ich eingangs beschrieben habe. Sie müssen um jeden Leser, Zuschauer und Zuhörer kämpfen. Durch den ökonomischen Druck, der durch die digitalen Medien ausgeübt wird, laufen sie Gefahr, das »Skandal- und Empörungsspiel« mitspielen zu müssen, Headlines anzuspitzen. Im Kampf um Quote und Klicks ist die Schnelligkeit einer Meldung manches Mal wichtiger als ihre Qualität.

Das Internet wird oft als Fortschritt für die Freiheit gesehen – und natürlich bietet es unzählige Vorteile für die Gesellschaft und unser Zusammenleben. Aber auch die Nachteile liegen auf der Hand. Es ist zum Beispiel längst bekannt, dass Algorithmen uns ununterbrochen auslesen und in Echokammern schicken, oft nur das ausspielen, was wir hören und sehen wollen. Wir bewegen uns in den kleinsten Bubbles und Filterblasen, in denen der Schall nur so hin und her geknallt wird. Obwohl uns dieser Automatismus bekannt ist, nehmen wir ihn in Kauf, denn wir können und wollen auf die Möglichkeiten des Netzes nicht verzichten. Und vielen ist es auch schlicht egal, dass sie dabei ihr halbes Leben preisgeben und manipuliert werden. Wir erhalten also überwiegend nur gefilterte Nachrichten und Meldungen, die uns in unseren sowieso schon vorhandenen Ansichten bestärken. Und wir alle erliegen dem Reflex, die Dinge anzuklicken, die die lautesten Headlines und die radikalsten Inhalte haben, und entscheiden dadurch mit, was viral geht und was nicht. Sachliche und differenzierte Berichte und Meldungen geraten dadurch ins Hintertreffen, haben kaum eine Chance gegen den aggressiven Krach.

Auch hier ist Donald Trump ein gutes Beispiel, weil er ein Meister darin ist, diese Mechanismen für sich zu nutzen. Falsche Aussagen, verdrehte Fakten, kalkulierte Lügen. Er emotionalisiert da, wo Sachlichkeit gefragt wäre, vereinfacht komplexe Zusammenhänge und hetzt seine Wählerschaft gegen Andersdenkende auf. Dabei bedient er sich der billigsten Klischees des Populismus, stilisiert sich zum Underdog im Kampf gegen das Establishment: »Make America Great Again, wir holen uns unser Land zurück.« Er besitzt die Dreistigkeit, Unwahrheiten zu behaupten, und wenn seine Geschichte entlarvt und er mit den Tatsachen konfrontiert wird, bezeichnet er diese als Fake News und wiederholt stumpf seine Lügen. Dass er damit durchkommt und es bis zum Präsidenten der Vereinigten Staaten geschafft hat, macht fassungslos und hat wohl anfänglich sogar Trump selbst überrascht. Für viele war das der Moment, in dem klar wurde: Wahrheit ist kein absoluter Begriff mehr, sondern relativ geworden. Sie ist nicht mehr das höchste Gut. Es geht inzwischen auch ohne Wahrheit, so wie es ohne die klassischen Medien geht.

Das war ein Paradigmenwechsel, den wir bis dahin nicht für möglich gehalten hätten und der eine neue Zeit eingeläutet hat, die jetzt auch bei uns in Europa, in Deutschland, angekommen ist. Die AfD kopiert Trump und seine Kampagnen fast eins zu eins, spaltet die Gesellschaft und spielt mit denselben Klischees des Populismus. Sie inszeniert sich als Anwältin der vermeintlich Abgehängten und Vergessenen, hat die effektivste Social-Media-Kommunikation aller Parteien und ist uneingeschränkte Meinungsmacherin auf TikTok. Der Trend zu dieser Art der Manipulation ist derzeit weltweit zu beobachten, wir werden uns als Gesellschaft auf diese Weise der Strategie- und Kriegsführung dauerhaft einrichten müssen. Es wird eine harte Nuss. Mir persönlich hilft der Gedanke, dass ich immer noch den Stecker aus der Dose ziehen kann, wenn mir alles zu viel wird.

Das ganze Dilemma erinnert mich an ein Lied, das wir vor zwanzig Jahren geschrieben haben. Es handelt davon, wie eine bloße Behauptung sich toxisch in unsere Gedanken frisst, zunächst für Verunsicherung und Irritation sorgt und schließlich absolut zerstörerisch wirkt. Am Ende steht sie im Raum wie eine Anklage, ja, eine Tatsache, die nicht mehr auszulöschen ist. Die Musik zum Text ist völlig Hosen-untypisch und sehr sperrig. Bedrohliche, klassische Streicherklänge, die ruhig beginnen und sich im Crescendo zum Ende des Stückes bewegen, während der Gesang immer hysterischer wird.

DIE BEHAUPTUNG (2004)

Eine Behauptung steht im Raum
Wie kriegt man sie jetzt wieder raus?
Wie kam sie hier herein, wir sind überrascht
Sie macht sich breit und drückt uns an die Wand
Sie ist unangenehm und wir zweifeln sie an
Doch sie wehrt sich energisch mit aller Kraft
Ein Verdacht ist in diesem Raum
Wie kriegen wir ihn wieder raus?
Er lächelt gemein und primitiv
Als er durch unsere Ohren in unsere Herzen kriecht
Wie kriegen wir diese Behauptung raus
Wer hat sie hier eigentlich aufgestellt?
War es Zufall oder Absicht oder kam sie von selbst?
Darf man so was noch fragen, ist das noch legal?
Sicher ist sie gelogen, doch jetzt ist sie da
Eine Behauptung ist im Raum
Sie raubt uns den Atem, wir ringen nach Luft
Unerbittlich drückt sie uns die Kehle zu
Eine Beschuldigung ist im Raum
Wer wird ihr schon glauben, ich glaub ihr nicht
Ich muss von ihr kotzen, weil mir übel ist
Es ist die Möglichkeit, die mich so trifft
Eine Beschuldigung ist im Raum
Sie kam aus dem Dunkeln, jetzt ist sie im Licht

Wir stehen da und sind mit Dreck bespritzt
Diese Verleumdung, diese Täuschung,
    diese Lüge hier im Raum
Sie zerstört uns alle, Schritt für Schritt
Sie ist Gift für dich, sie ist Gift für mich
Sie ist Gift

5 Künstliche Intelligenz – dein Freund und Helfer?

Vor Kurzem haben wir im Studio aus Neugier mit einer KI-Plattform experimentiert, die man, je nach Qualität, für weniger als 20 Dollar nutzen kann. Wir haben eingegeben: »Schreibe eine Ballade, in der sich die Stile von Guns N' Roses und den Scorpions vermischen, der Text soll von Liebe und Schmerz handeln.« Es dauerte ungefähr eine halbe Minute, bis die Software einen Song ausspuckte, der uns in seiner Qualität regelrecht erschreckt hat. Es war verrückt, wie gut die musikalischen Parts ineinander verwoben waren und wie klar man die Sounds von Guns N' Roses und den Scorpions erkennen konnte. In den Lyrics hagelte es allerdings Hardrock-Klischees, die recht sinnfrei aneinandergereiht wirkten. Aber es ist klar, dass wir hier noch in den Anfängen stecken und es keine fünf Jahre mehr dauern wird, bis diese Schwäche behoben und das Programm perfektioniert ist.

Beim Hören des Liedes wurde mir zum ersten Mal bewusst, dass jeder Mensch, der kreativ arbeitet, letztendlich auch nur funktioniert wie eine KI, allerdings mit deutlich weniger Speicherkapazität. Wir beobachten unsere Umwelt, sehen Theaterstücke und Filme, hören verschiedene Lieder. Melodien und Rhythmen bleiben dabei in uns hängen, und wir kreuzen bewusst oder unbewusst das eine mit dem anderen. Vielleicht tragen wir das alles ein paar Tage mit uns herum, schütteln es im Kopf hin und her, und irgendwann summen wir eine Melodie, von der wir behaupten und oft auch glauben: »Das ist mein neues Lied, das ist meine Kreation.«

Wenn das also der Schöpfungsprozess von Songs ist, dann muss ich zugeben, dass wir dem Computer hoffnungslos unterlegen sind, der ja auf Millionen von Titeln genau nach dieser Art Angaben – »Hardrock, Scorpions, Guns N' Roses« – zurückgreifen kann. In diesem Moment ist Musik Mathematik, und die Software kann die Kombinationen, welche Melodien und Lieder am gefälligsten sind, analytisch herauslesen. Sie weiß, was sich bewährt hat, variiert es leicht und dennoch passend und serviert so einen neuen Song. Einen Drei-Minuten-Tote-Hosen-Titel aus der Maschine zu erstellen, den auch ein Hardcore-Fan nicht mehr von einem echten unterscheiden kann, wird in fünf Jahren keine Schwierigkeit mehr sein. Wahrscheinlich wird die KI dann schon bessere Tote-Hosen-Lieder schreiben als die Toten Hosen selbst. Für eine komplizierte Sinfonie mit längerer Spieldauer reicht es vielleicht noch nicht, aber auch das ist nur eine Frage der Zeit.

Was uns angeht, ist es kurz vor dem Ende unserer Karriere irgendwie auch ganz schön zu wissen, dass wir für einen guten Tote-Hosen-Abend bald nicht mehr gebraucht werden. Wer mag, kann sich sein Hosen-Lied einfach selbst basteln.

Mit der Gesangsstimme ist es mittlerweile so, dass, wenn wir wollten, Olaf Scholz das nächste Hosen-Album einsingen könnte. Wir würden einfach seine Stimme aus einer kurzen Rede übernehmen und könnten schon damit jedes einzelne Wort unserer Lieder im typischen Scholz-Sound modellieren. Gesangshöhe und Melodieverlauf berechnet der Computer in Sekunden. Wir könnten ihn hier und da sogar etwas schief singen lassen, um die Aufnahmen noch echter wirken zu lassen. Es würde selbst für Experten schwierig werden zu unterscheiden, ob die Lieder tatsächlich von Scholz eingesungen wurden, oder ob es sich um Fälschungen handelt.

Somit wird die Vorstellung vom authentischen Kunstwerk, das der Künstler sich im Schweiße seines Angesichts abgerungen hat, immer hinfälliger werden. Die KI wird auch bald ganze Romane schreiben, die womöglich erfolgreicher werden als Werke echter Autoren, sie muss sich nur das entsprechende Material aus der stetig wachsenden digitalen Welt ziehen. Kann ein so entstandenes Kunstwerk als genauso authentisch, also wahr gelten? Als ab den Achtzigerjahren elektronische DJ-Musik immer massenwirksamer auftrat, sind wir schon einmal bereit gewesen, unseren Echtheitsanspruch an Musik neu zu justieren. Nach anfänglicher Irritation galt Musik aus dem Synthesizer, also aus dem Computer, schnell als ebenbürtig authentisch und wahr.

Der künstlichen Intelligenz kommt bei der Frage von Wahrheit und Lüge eine besondere Rolle zu, denn sie ist in der Lage, Original und Fälschung zu verschmelzen. Sie ist ein Instrument, das etwas als wahr erscheinen lassen kann, was nicht wahr ist. Das wird uns alle auf unterschiedlichsten Ebenen betreffen. Wir wissen bekanntlich, dass die KI den Klang einer Stimme so gut nachbauen kann, dass sie von der Originalstimme kaum zu unterscheiden ist. So könnte man damit etwa am Telefon in der Rolle eines anderen täuschend echt Gespräche führen. In bislang ungeahnter Dimension kann völlig authentisch wirkendes Ton- und Bildmaterial kreiert werden. Es wird bald möglich sein, ganze Spielfilme zu produzieren, mit Schauspielern, die schon längst verstorben sind. Auch in vielen anderen Bereichen revolutioniert die KI alles bisher Dagewesene. Sie hat die Kraft einer Explosion, die unsere Leben erreichen und massive Veränderungen mit sich bringen wird.

Die Möglichkeit des böswilligen Missbrauchs solcher Technologien ist offensichtlich, wenn etwa Politiker durch Deep Fakes in Situationen gebracht werden, die angeblich passiert sind, oder sie Telefonate führen lässt, die sie nie getätigt haben, aber voller kompromittierender oder gefährlich verdrehter Inhalte sind. Es könnte die Sprengkraft einer Atombombe haben, wenn manipuliertes Bildmaterial zu angeblichen Angriffen bei Konfliktsituationen ins Netz gestellt wird und die Reaktion darauf schneller erfolgt, als die Überprüfung der Fakten es zulässt.

Die KI dürfte zukünftig auch in der Kriegsführung und bei der Entwicklung chemischer Waffen eine maßgebliche Rolle spielen. Kein Wunder, dass selbst führende Tech-Unternehmen vor ihrer eigenen Erfindung warnen und eine Pause der weiteren Entwicklung gefordert haben, um eine wie auch immer geartete Regulierung zu finden.

Mein Vater würde sich vor Verwunderung im Grab umdrehen, wenn er ausgerechnet von mir hören würde, was ich jetzt sage, aber wir müssen das Vertrauen in unsere Institutionen bewahren und weitervermitteln. Und ja, unser Rechtswesen, freie Wahlen sowie Presse- und Meinungsfreiheit sind die Säulen unserer Demokratie, die es zu verteidigen gilt. Das hört sich alles so platt und ausgelutscht an, erscheint auf den ersten Blick so selbstverständlich und wirkt doch in der letzten Zeit so fragil wie seit vielen Jahren nicht mehr. Ich wiederhole mich, aber die Essenz der ganzen Angelegenheit bleibt klar: Chance und Gefahr der technischen Entwicklung gehen immer im Gleichschritt. Es liegt an uns Menschen, was wir daraus machen.

Denn in fast allen Lebensbereichen könnte die Künstliche Intelligenz für Verbesserungen sorgen. In Medizin und

Psychologie wird sie qualifizierte Diagnosen stellen und die Rolle eines Therapeuten übernehmen können. Wenn wir zum Psychologen gehen und ihm unsere Probleme schildern, sitzt er gelangweilt da und denkt: Das ist jetzt schon der fünfzehnte Fall heute, der mit diesem Käse ankommt. Doch genau deshalb weiß der Psychologe Rat, weil wir uns zwar alle für sehr individuell halten, aber alle typischen Verhaltensmustern folgen, die er entsprechend lesen und behandeln kann. Nicht anders arbeitet die KI, nur deutlich effektiver. Hat ein erfahrener Psychologe vielleicht tausend Vergleichsfälle, auf die er zurückgreifen kann, stehen der KI Millionen zur Verfügung. So hat sie deutlich schneller Zugriff auf unser Seelenleben, als wir uns vorstellen können.

Wie wir mit dieser Errungenschaft umgehen, müssen wir erst noch lernen. Ich glaube, dass wir in der Schule vom ersten bis zum letzten Tag den Gebrauch von KI, der digitalen Medien und des Internets allgemein als wichtiges Hauptfach integrieren müssen: Wie gehe ich mit Social Media um, wie verhalte ich mich bei einem Shitstorm, wie wahre ich meine Privatsphäre, woran erkenne ich seriöse Nachrichten?

Natürlich hat das auch Folgen für mich und meinen Beruf. Wie sehr, ist mir erst in den letzten Wochen und Monaten klar geworden. Lange habe ich geglaubt, dass Künstliche Intelligenz niemals die Seele eines Künstlers so abbilden könnte, dass sogar die Gefühlswelt vermeintlich echt gespiegelt würde.

Womöglich werde ich sehr bald deutlich weniger Arbeit haben. ChatGPT hilft mir jetzt schon dabei. Folgende Anweisung habe ich kürzlich ins Programm eingegeben: »Schreibe einen Text zum Thema Verlust im Stil von Campino.« Hier das Ergebnis:

Manchmal, wenn die Nacht hereinbricht und die Straßen leer sind, denk ich an dich. An das, was war und nie wieder sein wird. Deine Stimme in meinem Kopf, deine Berührungen auf meiner Haut, all das ist weg. Verloren. Wie ein Lied, das niemand mehr singt. Der Verlust ist da, wenn ich morgens aufwache und mir einen Kaffee mach. Er ist da, wenn ich versuche zu lachen, zu tanzen, zu leben. Aber nichts fühlt sich mehr echt an.

Das war schon mal nicht schlecht, ich fand mich ganz gut getroffen. Aber was könnte ich tun, um das Niveau Erich Kästners zu erreichen? Mal sehen: »Schreibe einen Text zum Thema Verlust im Stil von Erich Kästner«:

Verlust, meine Damen und Herren, ist ein merkwürdiges Phänomen. Es ist wie ein unsichtbarer Dieb, der sich des Nachts in unsere Seelen schleicht und uns die Dinge entreißt, die wir am meisten lieben. Dieser Dieb ist gerissen und listig; er hinterlässt keine Spuren, außer dem Schmerz, der uns in der Stille überfällt.

Es ist wie im wahren Leben: Auch in der KI glänzen die Texte von Erich Kästner deutlich mehr als meine. Aber würde es jemand merken, wenn ich mich selbst als Autor dieser Zeilen ausgäbe? Vielleicht würden die Leute denken, dass ich wieder mal in einer Kästner-Phase stecke, und hoffen, dass das bald vorübergeht. Mein nächstes Buch zu schreiben bereitet mir jedenfalls keine Sorgen mehr. Aber ich bin ja auch Sänger, und nach über vierzig Jahren verzweifelter Versuche wird es langsam Zeit für einen guten Liedtext der Toten Hosen. Wird dafür die Mannschaftsaufstellung Kästner/Campino reichen? Wir verpflichten besser noch

Heinrich Heine als Mittelstürmer: »Schreibe einen Text in Reimform zum Thema Verlust und Vergänglichkeit, und vermische dabei die Schreibstile von Campino, Erich Kästner und Heinrich Heine«:

In der Stadt, die niemals schlief,
wo der Wind durch Gassen rief,
ging ein Mann, der alles verlor,
suchte Liebe, war ein Tor.

In Nächten, die so kalt wie Stahl,
blickt man zurück, erzählt von Qual.
Die Uhren tickten, die Zeit verging,
doch das Leben bot keinen neuen Swing.

Erich schrieb von kleinen Dingen,
wie sie plötzlich nicht mehr klingen.
Ein Lachen, das verstummt im Raum,
zerplatzt wie ein vergessener Traum.

Der Sommer zog an uns vorbei,
wie ein Vogel, der entflog im Mai.
Doch halt!, rief Heinrich bang und rein,
auch Blumen müssen mal verblühet sein.

Campino, immer laut und klar,
singt von dem, was einstens war.
Und selbst in seiner rauen Stimm'
hört man Wehmut, die im Herzen schwimmt.

Ich gebe es zu: Das sind schon richtig gute Zeilen. Die KI und ich müssen uns noch einen schmissigen Refrain einfallen lassen, dann haben wir einen Hit. Schalten Sie also in einem halben Jahr das Radio ein, und überzeugen Sie sich selbst. Wenn Sie dieses Lied nicht hören sollten, hat der Konsument versagt. Ich mache jedenfalls jetzt schon einen Champagner auf.

Epilog

Okay, hier bin ich doch noch mal. Ich bringe es nicht übers Herz, Sie mit einem solchen Ende zu entlassen. Dass die Maschine den Menschen besiegt, daran möchte ich nicht glauben. Bei sämtlichen Vorteilen, die sie bietet und die wir hier verhandelt haben, ist alle Künstliche Intelligenz am Ende nur statistische Wahrscheinlichkeit. Der Mensch besitzt immer noch einen Rest Wahnsinn, den die Maschine nie berechnen können wird. Würde man mich fragen, wen ich in einem solchen Duell ins Rennen schicken würde, wäre der Wiener Avantgarde-Dichter Ernst Jandl meine Wahl. Ihm soll das letzte Wort gehören:

DIE HUMANISTEN (1976)

ich sein mein sprach
mein deutsch sprach
mein schön deutsch sprach
du wundern mein schön deutsch sprach?
sein sprach von goethen
grillparzern stiftern
sein sprach von nabeln

küßdiehandke
sein sprach von bühnen
sein bühnendeutschen
sein burgentheatern
mein sprach sein ein lob
immer wenn sprechen ich loben den sprach
mein sprach sein ein loben
du sein gut sprechen
du haben denkenkraft
du wortengewalt
ich dir zitieren einen gedichten
ich sein sprachenkunstler, sprachenkunstler
ich dir zitieren einen goethen:
in walden ich gehen so führen mich hinnen
und nichtsen zu suchen das sein mein sinnen
in walden ich sehen ein blumen stehn
wie sternen leuchten wie augen schön
ich wollen den blumen brechen sein
sprechen den blumen: nein nein nein
in walden ich gehen so führen mich hinnen
und nichtsen zu suchen das sein mein sinnen
sein ein goethen-spruchen
goethen-gedichte ...
das sein ein sprach ...
den deutschen sprach ...
du lieben den deutschen sprach?
den deutschen sprach mir heilig sein
ich sehr lieben den deutschen sprach, sehr lieben
den deutschen sprach mir heilig sein
sein mein muttersprach
sein mein und dein muttersprach
muttersprach heilig sein
mir heilig sein
mir und dir heilig sein muttersprach

deutschen muttersprach
deutsch mein muttersprach sein
deutsch du und ich dein und mein
muttersprach sein
ich dich verstehn
ich gut dich verstehn
du und ich dich und mich gut verstehn
du und ich
dich und mich
gut sich verstehn
du und ich
dich und mich
gut sich verstehn
gut sich verstehn
sich verstehn
in kunst viel nicht gut sein
heut in kunst viel nicht gut sein
deutsch sprach sein kunst
sein ein kunstsprach
vaterland sein kunst
vaterkunstland
kunstvaterland …
viel kunst heut nicht gut sein
viel kunst heut nicht viel gut sein
sein viel – schmutzen
kunst schmutzen
sein viel viel schmutzen
viel viel kunst-schmutzen
sein ich kunst schutzen
du sein und ich sein kunst schutzen
deutsch sprach schutzen
schutzen
sein viel nicht kunstler
sein kunstschmutzen

sein schmutzen
schmutzen finken
schmutzenbacher
sein dies ein dialogen?
sein nicht logen, sein wahrheit!
deutschen sprach sein ein kulturensprach
sein ein alt alt kulturensprach
deutschen literaturen sein ein kulturenliteraturen
ein ganz groß kulturenliteraturen
modenliteraturen nicht sein kulturenliteraturen
modenliteraturen sein kulturenschanden
modenliteraturen sein kulturenschanden
du mich – überzeugen
du mich überzeugen haben
allen von modenliteraturen sein
kulturenschanden
du sein ein gut überzeugen
ich sein ein rhetoriken
ich rhetoriken studieren haben
rhetoriken
ich sein rhetoriken

Danksagung

Herzlich bedanken möchte ich mich bei der Rektorin der HHU, Prof. Dr. Anja Steinbeck, dass sie mich, allen Bedenken zum Trotz, als nicht ganz so konventionellen Gastprofessor eingeladen und mir ihr Vertrauen geschenkt hat. Mein Dank gilt auch Joachim Tomesch und allen Mitarbeitern der Uni, die für die Organisation und Durchführung der Veranstaltungen verantwortlich waren. Wie so oft gilt mein besonderer Dank meinem Freund und Bandkollegen Andreas »Kuddel« von Holst, der mich bei beiden Veranstaltungen mit seiner Gitarre begleitet hat und damit eine große Bereicherung war. Ebenso will ich Philipp Oehmke, der bei der zweiten Lesung auf der Bühne mein Gesprächspartner war und mir die ganze Zeit mit Rat und Tat zur Seite stand, ein dickes Danke zurufen. Das gilt auch für Thomas Tebbe und Kristine Meierling, die mich auf diesem Weg wieder sicher begleitet haben. Herzlichen Dank auch an Kolja Podkowik für's da sein, wenn es brennt. Bei Birgit Minichmayr, Leonie Sontheimer, Vincent Sorg, Carmen und Imi Knoebel und Peter Holluch will ich mich für ihren großartigen Input bedanken.

Auch danken möchte ich: Andi, Breiti und Vom, Patrick Orth, Lars Witzel und allen bei JKP, Kiki Ressler und dem KKT-Büro, Knacki und dem Kauf-Mich!-Team, Tino Ullrich, Stefan Holtz, Susan Voss-Redfern, Sascha Hoeldtke, Dirk Rudolph, Thees Uhlmann, Hannes Wader und John Frege. Und natürlich Felicitas von Lovenberg und allen Mitstreitern beim Piper Verlag.

Ihr alle wart und seid mir eine große Hilfe!

Last but not least: Vielen Dank, liebe Kata, für alles. Ohne dich wäre auch dieses Buch nie entstanden.

Textnachweise

Billy Bragg, »To Have And To Have Not«, Musik: Billy Bragg, Text: Billy Bragg, o. A.

The Blizzards, »Hab keine Lust heut aufzustehen«, M: Tineke Bouber, T: Tineke Bouber, Horst George, Werner Burkhardt, Impala-Music/Strengholt MusicPublishing BV/Strengholt Musikverlag GmbH.

Thomas Brasch, »Lied«, »Lieb haben konnten sie einander nicht«, »Der schöne 27. September«, alle in »Die nennen das Schrei«. Gesammelte Gedichte. Berlin: Suhrkamp Verlag, 2013.

Bertolt Brecht, »Der Radwechsel«, in Buckower Elegien. Frankfurt a. M.: Suhrkamp Verlag, 1986; »Und so kommt zum guten Ende«, in Die Dreigroschenoper. Berlin: Suhrkamp Verlag, 2001, © Bertolt-Brecht-Erben/Suhrkamp Verlag 1955.

Cock Sparrer, »Out On An Island«, M: Colin McFaull, Mickey Beaufoy, Steve Bruce, Steve Burgess, T: Colin McFaull, Mickey Beaufoy, Steve Bruce, Steve Burgess; »Where Are They Now«, M: Colin McFaull, Mickey Beaufoy, Steve Bruce, Steve Burgess, T: Colin McFaull, Mickey Beaufoy, Steve Bruce, Steve Burgess, beide: Orange Songs Ltd.

Jörg Fauser, »Metzgerei«, in Ich habe große Städte gesehen. Zürich: Diogenes Verlag, 2019.

Theodor Fontane, »Herr von Ribbeck auf Ribbeck im Havelland«, in Herr von Ribbeck auf Ribbeck. Gedichte und Balladen. Frankfurt a. M.: Insel Verlag, 1992.

Clare Harner, »Immortality«, vermutlich 1934 erstmals veröffentlicht.

Heinrich Heine, »Sie haben mich gequälet«, in *Buch der Lieder. Gedichte*. Frankfurt a.M.: S. Fischer Verlag, 2010; »Laß die heil'gen Parabolen«, in *Gedichte 1853 und 1854*. Berlin: Edition Holzinger, 2014.

Hermann Hesse, »Im Nebel«, in *Herbst*. Berlin: Suhrkamp Verlag, 2012.

Ernst Jandl, Auszug aus »Die Humanisten«, in *Aus der Fremde. Werke in 6 Bänden, Bd. 5*. München: Luchterhand Literaturverlag, 2016, © 2016 Luchterhand Literaturverlag, München, in der Verlagsgruppe Random House GmbH.

Erich Kästner, »Kleine Führung durch die Jugend«, »Die andre Möglichkeit«, »Neues vom Tage«, »Sachliche Romanze«, »Stimmen aus dem Massengrab«, alle in *Zeitgenossen, haufenweise. Gedichte. Werke, Bd. 1*. München: Hanser Verlag, 1998.

Mascha Kaléko, »Das Ende vom Lied«, in *Mein Lied geht weiter. Hundert Gedichte*. München: Deutscher Taschenbuch Verlag, 2007.

Kraftwerk, »Autobahn«, M: Ralf Hütter, Florian Schneider, T: Ralf Hütter, Florian Schneider, Emil Schult, Kling Klang Musik GmbH; »Die Roboter«, M: Ralf Hütter, Florian Schneider, Karl Bartos, T: Ralf Hütter; »Das Model«, M: Ralf Hütter, Karl Bartos, T: Ralf Hütter, Emil Schult, beide: Kling Klang Musik GmbH/Edition Positive Songs.

Male, »Haftbefehl«, M: Jürgen Engler, T: Jürgen Engler, Stefan Schwaab, Tapete Songs Inh. Gunther Buskies E.K.; »Kontrollabschnitt«, M: Jürgen Engler, T: Jürgen Engler, Human Noise Musikverlag Jürgen Engler.

Mittagspause, »Militürk«, M: Uwe Bauer, Frank Fenstermacher, Michael Kemner, George Nicolaidis, Thomas Schwebel, Peter Hein, T: Gabi Delgado-López, Wintrup Musikverlage Walter Holzbauer/SMV Schacht Musikverlage GmbH & Co. KG/Fehlfarben Musikverlag GbR.

Freddy Quinn, »Wir«, M: Lotar Olias, T: Fritz Rotter, Esplanade Edition GmbH.

Friedrich Schiller, »Die Bürgschaft«, in *Gedichte*. Frankfurt a.M.: S. Fischer Verlag, 2008.

Arnold Schönberg, »A Survivor from Warsaw op. 46 (Ein Überlebender aus Warschau)«, M: Arnold Schönberg, T: Arnold
Schönberg, Schott Music, Mainz.

Sham 69, »Everybody's Right, Everybody's Wrong«, M: Jimmy
Pursey, David Richard Parsons, T: Jimmy Pursey, David Richard
Parsons, Maxwood Music Ltd/Melodie der Welt GmbH &
Co. KG.

Patti Smith, »Free Money«, M: Patricia Lee Smith, Leonard J. Kaye,
T: Patricia Lee Smith, Leonard J. Kaye, Linda's Music/Neue Welt
Musikverlag GmbH.

S. Y. P. H., »Zurück zum Beton«, M: Uwe Jahnke, Harry Rag, T:
Harry Rag, Tapete Songs Inh. Gunther Buskies E. K.

Ton Steine Scherben, »Ich will nicht werden, was mein Alter ist«,
M: Ralph Möbius, T: Ralph Möbius, Kobrow Musikverlag
GmbH/Degalaxis Verlag Gert C. Möbius/Edition Pemoe.

Die Toten Hosen, »Opel-Gang«, M: Andreas Frege, Andreas von
Holst, T: Andreas Frege, Andreas von Holst; »Böser Wolf«,
M: Andreas von Holst, T: Andreas Frege; »Er denkt, sie denkt«,
M+T: Andreas Frege; »Verschwende Deine Zeit«, M+T:
Andreas Frege; »Testbild«, M+T: Andreas Frege; »Hot-Clip-
Video-Club«, M: Wolfgang Rohde, T: Andreas Frege; »Ülüsü«,
M: Andreas Frege, Andreas von Holst, Andreas Meurer, T:
Andreas Frege; »5 vor 12«, M: Andreas Meurer, T: Andreas
Frege; »Sascha«, M: Andreas Frege, Hanns Christian Müller,
T: Andreas Frege, Hanns Christian Müller; »Willkommen in
Deutschland«, M: Michael Breitkopf, T: Andreas Frege; »Warten
auf Dich«, M: Michael Breitkopf, Andreas Frege, Andreas von
Holst, Klaus-Peter Trimpop, T: Andreas Frege; »Liebeslied«,
M: Michael Breitkopf, T: Andreas Frege, alle zwölf: Edition Die
Toten Hosen; »Nur zu Besuch«, M: Andreas Frege, Andreas von
Holst, T: Andreas Frege; »Die Behauptung«, M: Andreas von
Holst, T: Andreas Frege; »Unser Haus«, M: Andreas von Holst,
T: Andreas Frege; »Helden und Diebe«, M: Michael Breitkopf,
T: Andreas Frege, alle vier: Edition HKM/JKP Jochens Kleine
Plattenfirma GmbH & Co. KG; »Draußen vor der Tür«, M: An-
dreas Frege, T: Andreas Frege; »Europa«, M: Michael Breitkopf,
T: Andreas Frege; »Im Nebel«, M: Andreas Frege, T: Hermann
Hesse, alle drei: PKM Patricks Kleiner Musikverlag GmbH;

»Alle sagen das«, M: Michael Breitkopf, Andreas Frege, Andreas
   Meurer, Andreas von Holst, Vincent Sorg, T: Andreas Frege,
   Marten Laciny, beide: PKM Patricks Kleiner Musikverlag GmbH/
   Duck Dive Music & Publishing Umbreit & Sorg GbR/Grosse
   Action Musikverlag Marten Laciny/Hanseatic Musikverlag
   GmbH; »Pop & Politik«, M: Andreas Frege, Tobias Felix Kuhn,
   T: Andreas Frege, PKM Patricks Kleiner Musikverlag GmbH/
   Labelmate Songs Musikverlag Tobias Kuhn.
Kurt Tucholsky, »Gebrauchslyrik«, *Die Weltbühne*, 27.11.1928:
   »Deutschland erwache!«, in *Gesammelte Werke in zehn Bänden.*
   Band 8, Reinbek bei Hamburg: Rowohlt Verlag, 1975.
Hannes Wader, »Eltern«, »Erinnerung«, M: Hannes Wader,
   T: Hannes Wader, Westpark Music & Publishing Ulrich Hetscher
   E.K.
X-Ray Spex, »Let's Submerge«, M: Poly Styrene, T: Poly Styrene,
   o.A.
ZK, »Banner«, M: Claus Fabian, Andreas von Holst, Ralf Isbert,
   T: Andreas Frege; »Schwarze Stiefel«, M: Claus Fabian, Andreas
   von Holst, Ralf Isbert, T: Andreas Frege; »Eddies Salon«,
   M: Claus Fabian, Andreas von Holst, Ralf Isbert, T: Andreas
   Frege, alle drei: Flex-Ton Musikverlag GmbH; »Hurra, ich
   bin genormt«, M: Claus Fabian, Andreas von Holst, Ralf Isbert,
   T: Andreas Frege; »Großstadt«, M: Claus Fabian, Andreas
   von Holst, Ralf Isbert, T: Andreas Frege, beide o.A.

»Es geht um mehr als nur Leben und Tod«

Campino
Hope Street
Wie ich einmal englischer
Meister wurde

Piper Taschenbuch, 368 Seiten
ISBN 978-3-492-31845-7

Campino schreibt über eine Leidenschaft, die ihn sein ganzes Leben lang begleitet: den Liverpool FC. Und natürlich über seine deutsch-englische Familie, Queen Elizabeth, Punk und seine große Liebe zu England. In diesem Buch zeigt sich ein Musiker als Erzähler, der von Tragik und Komik, von Treue und Glück schreibt – und davon, wie es sich anfühlt, endlich, endlich englischer Meister zu werden.